Annekatrin Puhle

**Verbunden mit geliebten Verstorbenen**

Warum die Liebe mit dem Tod nicht endet

Annekatrin Puhle

# Verbunden mit geliebten Verstorbenen

## Warum die Liebe mit dem Tod nicht endet

Aquamarin Verlag

**Anmerkung:** Die Zitate aus der anglo-amerikanischen Literatur wurden von der Autorin ins Deutsche übertragen, ebenso der englische Text von Adrian Parker.

---

Deutsche Originalausgabe

3. Auflage 2025



Kammer 11 • D-83123 Amerang

www.crotona.de

Kontakt: kontakt@crotona.de

Umschlaggestaltung: Annette Wagner

Druck: Generál Nyomda, Ungarn

ISBN 978-3-86191-238-5

# Inhalt

**Für**

meine Eltern Frieda Puhle, geb. Scheer, und Johannes Puhle,
meine Schwester Marianne, meinen Bruder Volkmar
und alle mir nahestehende Menschen,
die bereits verstorben sind.

Ich möchte keineswegs das Glück entbehren, an eine künftige Fortdauer zu glauben, ja, ich möchte mit Lorenzo von Medici sagen, dass alle diejenigen auch für dieses Leben tot sind, die kein anderes hoffen.

JOHANN WOLFGANG GOETHE
(GESPRÄCHE MIT JOHANN P. ECKERMANN, 25. FEBRUAR 1824)

---

Je deutlicher einer sich der Hinfälligkeit, Nichtigkeit und traumartigen Beschaffenheit aller Dinge bewusst wird, desto deutlicher wird er sich auch der Ewigkeit seines eigenen inneren Wesens bewusst.

ARTHUR SCHOPENHAUER
(PARERGA PARALIPOMENA II, § 139)

---

I am tired of the position of the dried-up critic and doubter. The believer is the true full man.
(Ich bin der Position der vertrockneten Kritiker und Zweifler überdrüssig. Der Gläubige ist der wahre, vollständige Mensch.)

WILLIAM JAMES
(AUS DER BIOGRAPHIE »WILLIAM JAMES. IN THE MAELSTROM OF AMERICAN MODERNISM« VON ROBERT D. RICHARDSON, 2006)

# Einführung

Wer hat nicht schon einen geliebten Menschen verloren und sich sehnsüchtig gewünscht, ihn wieder am Leben zu wissen und mit ihm zusammen sein zu können! Tatsächlich erfüllt sich dieser Herzenswunsch viel häufiger, als allgemein angenommen wird, nur auf einer anderen, auf einer nicht-materiellen Ebene. Fast immer werden diese schwer in Worte zu fassenden Erfahrungen als wirklich empfunden, als die eigentliche Wirklichkeit, oft als noch realer als real. Wissenschaftler sind seit Jahren diesen, nur scheinbar ungewöhnlichen, tatsächlich aber recht gewöhnlichen Erfahrungen auf der Spur und haben längst Millionen von Fällen dokumentiert und analysiert.

Die uralte Gewissheit, dass unser Leben nach dem Tod in irgendeiner Weise weitergeht, verwandelt sich in rasanter Geschwindigkeit in ein durch Daten gestütztes Wissen; und dieses Wissen reicht sogar noch weiter als die populären Fernsehfilme suggerieren wollen, wenn sie Szenen am Grab eines geliebten Menschen zeigen, in denen die Lebenden mit den Toten reden, ihnen etwas erzählen oder sie etwas fragen, ganz so, als lebten sie noch. Während nun die Gespräche im Film einseitig bleiben und die Toten sich ausschweigen, belehrt uns die aktuelle Forschungslage eines Besseren: Die Toten sind keineswegs immer stumm.

Nicht nur die Gewissheit eines Lebens nach dem Tod, sondern auch der Glaube, dass die Verstorbenen unser Leben beeinflussen können, sei es zum Guten oder Schlechten, ist ein altes Kulturgut. Die Achtung und Ehrung der Verstorbenen waren seit eh und je etwas Selbstverständliches, ebenso wie das Bemühen, die Vorfahren freundlich und wohlgesonnen zu stimmen, was sich in vielen unterschiedlichen Ritualen und Gebräuchen widerspiegelt. Diese sollen den Toten klarmachen, dass ein Rückweg in ihr früheres irdisches Leben für sie weder infrage kommt noch sinnvoll ist, einerseits damit sie sich ihrer neuen Situation bewusst werden, andererseits aus der Angst heraus, dass sie das hiesige Leben negativ beeinflussen könnten, wenn man ihren Wünschen und Maßstäben nicht gerecht wird. In Irland etwa streut man Salz um ihr Haus, damit sie den Eingang nicht mehr finden. Der Totenkult hat weltweit höchst unterschiedliche und mitunter skurrile Formen angenommen – bis hin zum Bemalen der Schädel, wie es in dem keine tausend Einwohner zählenden Weltkulturerbe-Ort Hallstatt im Salzkammergut heute noch Tradition ist. Das Letzte habe einen pragmatischen Grund, wird behauptet: Man wolle die Gräber nach zehn bis zwanzig Jahren wiederverwenden und bewahre deshalb die Schädel auf und dekoriere sie zum bloßen Zweck der Identifizierung. In der Sicht anderer soll dieser in den Alpenregionen seit Jahrhunderten bekannte Brauch auf einzelne Familientraditionen zurückgehen.[1]

Zurück zum Kontakt mit Verstorbenen. Es sind nicht nur verstorbene Angehörige oder Freunde, mit denen sich die Lebenden verbinden wollen. Auch verstorbene Heiler*innen wurden und werden noch lange nach ihrem Tod zu Heilungszwecken angerufen. In der Antike gab es Ärzte und auch Kaiser und Könige, von denen man sich selbst Jahre nach ihrem Tod Hilfe und Heilung versprach; und für Christen ist es bis heute selbstverständlich, zu Jesus zu beten, und nach katholischem

1 Ogi Savic: Bemalte Schädel im Hallstätter Charnelhaus. Heruntergeladen am 17.8.21: https://www.itinari.com/de/painted-skulls-in-hallstatt-s-charnel-house-txxw

Glauben auch zu Heiligen, um deren Eingreifen in das alltägliche Leben zu erbitten. Die gleiche Hoffnung auf Erhörung wird auch auf verstorbene Gurus und geistige Lehrer aller religiösen wie spirituellen Richtungen gesetzt. Selbst im profanen Kontext ist die Erwartung von Hilfe und Heilung aus dem Reich der Toten nichts Ungewöhnliches, und die Verehrung von Bruno Gröning ist nur *ein* Beispiel aus relativ junger Zeit.[2]

In diesem Buch wenden wir uns den Begegnungen mit Verstorbenen zu, die den Lebenden persönlich bekannt oder mit ihnen verwandt waren, die ihnen nahestanden und herzlich verbunden waren. Dazu gehören weiter die verhältnismäßig seltenen Fälle von Begegnungen mit Toten, die zwar zur Familie oder dem engeren Kreis gehören, jedoch verstarben, bevor die Perzipienten sie kennenlernen konnten oder von ihrer Existenz wussten. Auch bemerkenswerte Fälle von Begegnungen mit nahestehenden Menschen, von deren Tod die Betroffenen nichts wussten, gehören in unseren Kontext.

Die Gewissheit eines Lebens jenseits der Todesgrenze lässt sich nicht nur im Alltag unserer Vorfahren und in der Kulturgeschichte rund um die Erde finden, sondern spiegelt sich auch in den Biographien berühmter Persönlichkeiten wider – denken wir an Goethe, Schiller, Friedrich von Hardenberg, der sich Novalis nannte, Achim von Arnim, Clemens Brentano, Arthur Schopenhauer, Annette von Droste-Hülshoff, Eduard Mörike, Theodor Storm, Theodor Fontane, Herrmann Hesse und Carl Gustav Jung, um nur wenige aus dem deutschsprachigen Kulturkreis namentlich zu erwähnen.[3] Auch in anderen Ländern haben große Geister seit Jahrtausenden den Gedanken eines den Tod überwindenden Lebens weitergetragen, etwa Platon, Dante,

2 Bruno Gröning lebte von 1906 bis 1959.

3 Puhle 2019: Mit Goethe durch die Welt der Geister. Geisterberichte aus vier Jahrtausenden, 4 Bände, siehe Bd. 1, Kap. 1. Online: http://www.blumhardt-online.de/reichl_puhle.html

Shakespeare, Walter Scott, Emanuel Swedenborg, Camille Saint-Saëns, Henri Bergson, William Butler Yeats, C.S. Lewis[4] sowie zahlreiche andere, und viele von ihnen hatte persönliche Erfahrungen.[5] Der schwedische Regisseur Ingmar Bergman war beispielsweise in den späten Jahren seines Lebens, die er auf Fårö, einer einsamen Insel an der schwedischen Ostküste, verbrachte, davon überzeugt, dass er seine letzte Ehefrau, Ingrid von Rosen, die 1995 verstorben war, nach seinem Tod[6] wiedersehen werde. In den letzten Lebensjahren fühlte er sich außerdem bei seinen Spaziergängen am weiten, menschenleeren Strand von unsichtbaren Dämonen umgeben.[7]

Unser Buch macht Sie mit den Begegnungen mit Verstorbenen in vielerlei Weise vertraut: Sie finden Erfahrungsberichte aus erster und zweiter Hand, aus der Sach- und Fachliteratur, damit Sie die Verschiedenheit der Erfahrungen sehen. Typische Lebenssituationen, in denen Begegnungen mit Verstorbenen besonders häufig vorkommen, werden vorgestellt, ebenso die unterschiedlichen Bewusstseinszustände, in denen sie erlebt werden können.

Ich habe die Erfahrungen aus vielen verstreuten Forschungsbereichen zusammengetragen und jeweils mit wissenschaftlichen Daten, Analysen und Statistiken untermauert. Dabei bilden auch meine eigenen Projekte und Studien eine Grundlage, wie meine beiden historischen Literaturstudien zu Geister-Erscheinungen im deutschsprachigen Raum und in Großbritannien, die Studie von über 800 Fällen zu Erfahrungen mit außergewöhnlichem Licht[8] und die überwiegend

4 Siehe Kap. 2, »Gefühl der Anwesenheit«.

5 Puhle 2019, Bd. 1, Kap. 1 und Bd. 3, Kap. 8.

6 Ingmar Bergmann (1918-2007).

7 Marie Nyreröd: Ingmar Bergman. 3 dokumentärer om film, teater, Fårö och livet (3 Dokumentationen über Film, Theater, Fårö und das Leben), 2003, Gemeinschaftsproduktion von Sveriges Television AB, AB Svensk Filmindustri, DR, NRK, YLE/FST mit Unterstützung von Nordiska TV-samarbetsfonden.

8 Das Fallmaterial stammt aus repräsentativer Fachliteratur, davon 50 Fälle aus erster Hand.

prospektive Studie zu Klarträumen, in denen die Träumer*innen gezielt Kontakt mit Verstorbenen aufnehmen konnten.[9]

Begegnungen mit Verstorbenen finden fast immer an markanten Punkten des Lebens statt, an Wendepunkten, in Krisenzeiten, nach einem Todesfall, doch längst nicht nur während der Trauerphase (Kap. 1). Diese Erfahrungen werden auf unterschiedliche Weise gemacht, sowohl mit den physischen Sinnen als auch innerlich mit einer Art von inneren Sinnen (Kap. 2). Ob und wie diese beiden normalerweise streng getrennten Wahrnehmungsarten zusammenhängen könnten, ist eine philosophische Frage, der wir hier nicht auf den Grund gehen können, da sie sehr komplex ist und zu weit vom Thema wegführt. Die Kontakte mit geliebten Verstorbenen können außerdem auf symbolische und noch andere Weise erlebt werden (Kap. 3). Wie weit die Wissenschaft diesen Phänomenen auf die Spur gekommen ist, bildet das Thema des darauffolgenden großen Abschnittes: Hier werden die vielen unterschiedlichen Situationen und Umstände, in denen die Begegnungen vorkommen und dokumentiert sind, vorgestellt und anhand praktischer Beispiele verdeutlicht (Kap. 4 bis 19).[10] Es stellt sich unweigerlich die Frage: Wie können wir mit solchen Erfahrungen am besten umgehen, falls sie uns selbst oder jemanden aus unserem engeren Kreis betreffen? Die Antworten darauf versuche ich im nächsten Teil des Buches zu geben (Kap. 20 bis 22). Am Schluss stelle ich Ihnen die vielen hilfreichen und heilsamen Wirkungen vor, die diese

---

9 Die Projekte (seit 1996) bilden die Grundlage meiner Bücher: Das Lexikon der Geister (2004), Mit Goethe durch die Welt der Geister (2006 und 2019), Mit Shakespeare durch die Welt der Geister (2009), Shakespeare's Ghosts Live (mit Adrian Parker-Reed, 2017), Light Changes (2013) und für den Aufsatz Puhle & Parker, An Exploratory Study of Lucid Dreams Concerning Deceased Persons (2017).

10 Dieser Teil basiert auf meinem von der Londoner *Society for Psychical Research* (SPR) geförderten Projekt, Mai 2021, Activating the Study of Consciousness Continuation Using Dreams of the Deceased – Including Lucid Dreams, Cases from Literature and First Hand. Der Forschungsbericht liegt bei der SPR, London.

Begegnungen auf die Betroffenen haben und die millionenfach berichtet wurden, einschließlich der Hauptkriterien für die Einschätzung der Evidenz für ein Leben nach dem Tod (Kap. 23 bis 28).

Annekatrin Puhle,
Göteborg, Wintersonnenwende 2021

# Wann, wo und wie sind wir mit geliebten Verstorbenen verbunden?

## 1. Erscheinungen an den Schnitt-, Wende- und Höhepunkten des Lebens

In entscheidenden Zeiten des Lebens schwingt höchste Lebensenergie mit. Ob Stress, Krise, Unfall, Krankheit, Tod oder Höhepunkte erfreulicher Art – alle kritischen Situationen, wichtige Entscheidungen, große Veränderungen, Wenden und Hoch-Zeiten des Lebens tragen das Potenzial in sich, geliebten Menschen, die nicht mehr unter uns weilen, zu begegnen. Genau dann, wenn ein Mensch in Schwierigkeiten und Not auf sich allein gestellt zu sein glaubt, sich buchstäblich mutterseelenallein fühlt, ist er oft nicht allein – das zeigen unsere Berichte. In solchen Zeiten des Lebens sind die Verstorbenen wieder anwesend. Ihre Gegenwart wird unterschiedlich wahrgenommen, wobei eine strikte Trennung zwischen sinnlich und außersinnlich nicht immer eindeutig ist. Auch wenn die Begegnung meistens nur einen kurzen Moment lang anhält, oft sind es wenige Sekunden[11], fühlt sie sich doch für die Mehrheit völlig natürlich und wirklich an, mitunter sogar superreal. Für Menschen, die einzig und allein den Aktivitäten

11 In einer isländischen Studie traf das auf die Hälfte der 449 Fälle zu, wobei in einigen Fällen die Erfahrungen auch über Wochen anhielten, siehe Haraldsson 2012, S. 119.

der linken Hirnhälfte trauen, ist das natürlich schier unmöglich, und doch kommt es immer wieder vor, dass auch sie spontane Erfahrungen dieser Art machen. Jeder und jedem kann es passieren.

Am häufigsten kommen Begegnungen mit geliebten Verstorbenen in Lebenssituationen vor, die mit negativen Emotionen wie Stress, Erschöpfung, Schrecken, Schock, Krisen, Not, Unfall, Krankheit oder Angst geladen sind. Die meisten Daten stammen von Erfahrungen in Todesnähe, speziell den Nahtod-Erfahrungen (NTE), denn hier können wir von grob geschätzten dreizehn Millionen Fällen ausgehen, von denen einige vertieft untersucht worden sind. Im Angesicht des Todes, in lebensbedrohlichen und extremen Situationen, auch bei sportlichen Herausforderungen und Höchstleistungen verschwimmt die Grenze zwischen Leben und Tod. Wenn der rauschende Gedankenfluss von den irdischen Belangen und Sorgen frei wird und sich das Bewusstsein davon befreit, wird der Weg in eine andere Existenzform oder Seinsebene, in eine neue Dimension gebahnt. An diesen Wendepunkten kommen die Lebenden besonders leicht in Kontakt mit ihren geliebten Verstorbenen.

Die Verstorbenen begegnen ihnen so, wie sie ihnen aus dem Leben in Erinnerung geblieben sind, manchmal wie sie zuletzt aussahen, oft aber in jüngerer Gestalt und gesünderem Zustand, als sie es zuletzt im Leben waren. Die Auswertungen der Editorin des Vierteljahresjournals der *Churches' Fellowship for Psychical and Spiritual Studies* (*CFPSS*), Jennifer Howard, in Träumen in verschiedenen Situationen, unter anderem vor einer Operation, vereinen viele typische Kriterien dieser Begegnungen: Die Toten sehen jünger aus, sind glücklich und lächeln, und ihr Erscheinen ist hilfreich und – ganz wichtig – die Begegnungen werden als völlig real empfunden.[12]

Nicht selten erscheinen die Toten in einer veränderten, transformierten Form, von Licht umstrahlt oder direkt als Licht oder Lichtwesen.

---

12 Howard, Dreams of the Dead. In: Quartely Review, Nr. 188, Sommer 2001, S. 39f.

Außerdem werden in Grenzsituationen neben den Verstorbenen bisweilen auch Engel und himmlische Wesen wahrgenommen, wie es bestens von NTE bekannt ist. So sind Begegnungen mit Verstorbenen, volkstümlich Geister-Erscheinungen genannt, eng mit spirituellen und religiösen Erfahrungen verknüpft.[13]

Die Art, wie die verstorbene Person erlebt wird, ob sie gesehen, gehört oder durch eine Berührung gespürt wird, ob ein charakteristischer Duft an sie erinnert oder ihre Anwesenheit gefühlt wird, variiert erheblich. Auch der Bewusstseinszustand, in dem die Begegnung stattfindet, ist unterschiedlich und reicht vom Hellwachsein über alle Stadien des Bewusstseins und seelischen Befindens bis hin zum Traumzustand. Ob es bei diesen Kontakten zu einem verbalen bzw. gedanklichen, oft als telepathisch beschriebenen Austausch mit der verstorbenen Person kommt oder bei einer bloßen kurzen Wahrnehmung bleibt, ist unterschiedlich. Gemeinsam ist vielen spontanen Kontakten mit Verstorbenen, dass sie die Lebenden innerlich berühren und einen tiefen Eindruck auf sie machen, auch wenn dieser im täglichen Leben leicht in Vergessenheit gerät, weil oder wenn darüber nicht gesprochen wird. Begegnungen mit Verstorbenen sind keine Modeerscheinung, sondern sie lassen sich weit in die Menschheitsgeschichte zurückverfolgen.[14] Sie sind normal, gesund, hilfreich und bedeutungsvoll – ein wichtiger Teil des Lebens.

13 Puhle 2013: Light Changes. Experiences in the Presence of Transforming Light. Puhle 2019; vgl. Emma Heathcote-James 2002, Seeing Angels, Kap. 9.
14 Siehe Puhle 2019, bes. Bd. 3, Kap. VIII; s. a. Puhle 2004, 2006 und 2009.

## 2. Äußere und innere Erfahrungen

Verständlicherweise herrscht oft Unklarheit darüber, *wie* die Begegnungen mit verstorbenen Personen passieren, ob die Augen dabei geöffnet oder geschlossen sind, ob es im Schlaf oder Halbschlaf geschieht, sprich in welcher geistigen und emotionalen Verfassung sich die Betroffenen befinden. Geschieht es bei vollem Bewusstsein oder im schlafbezogenen Zustand wie beim Einschlafen, Aufwachen oder bei Übermüdung, beim Dösen, während einer stereotypen Arbeit oder unter Hochstress und Überarbeitung? Ist das, was gesehen wird, ein Objekt in der äußeren Welt oder handelt es sich um eine Projektion, um eine innere, trotzdem realistische Wahrnehmung? Dies lässt sich bei Weitem nicht immer klar sagen, denn die Grenzen zwischen Wachen und Schlafen verschwimmen, und das menschliche Bewusstsein ist nicht schwarz oder weiß, sondern es gleitet auf einer Skala von sonnenklar bis dunkel ständig hin und her. Wie schon erwähnt, sind die Zusammenhänge zwischen außen und innen, zwischen physischer und interner Welt ein Thema für sich und alles andere als endgültig geklärt. Doch die aktuelle Forschung deutet darauf hin, dass wir, d. h. unsere Gedanken, wesentlich kreativer und machtvoller sind, als uns bislang zugestanden wurde.[15]

Für die materialistisch und reduktionistisch orientierte Wissenschaft zählt nur das, was objektiv und wiederholt gemessen werden kann, nicht dagegen, was wir tief in uns in einer einmaligen Situation erfahren. Doch fortschrittliche Wissenschaftler*innen sind auf dem besten Weg, auch unsere inneren Erfahrungen ernst zu nehmen, zuallererst dann, wenn sie in einem sinnvollen Zusammenhang mit der äußeren

15 Siehe Puhle 2021, It's magic. Magie ist keine Zauberei.

Wirklichkeit stehen, wie sie es in vielen Fällen, wie Sie in Kap. 4 bis 19 sehen, nachweislich tun.[16] Wir befinden uns mitten in einem weltweiten Paradigmenwechsel.

Ohne darüber nachzudenken, schenken wahrscheinlich immer noch die meisten Menschen der westlichen industrialisierten Welt einer Erfahrung, die tagsüber im Wachzustand mit offenen Augen gemacht wird, viel eher Glaubwürdigkeit als einer inneren Erfahrung – egal ob es ein eigenes Erlebnis ist oder nicht. Doch unabhängig davon, ob die Perzipienten hellwach sind oder nicht, ob sie die Augen offen oder geschlossen haben und mit welchen anderen Sinnen oder Gefühlen sie die Verstorbenen wahrnehmen, können sowohl äußere als auch innere Erfahrungen für sie in gleicher Weise wertvoll und bedeutungsvoll sein und ihre Einstellung zum Leben von Grund auf ändern – sofern sie als real erfahren werden. Solche Erfahrungen, die unsere üblichen Vorstellungen von Zeit und Raum sprengen, nennen wir paranormal.

## Visuelle Erscheinungen

Unter den Wahrnehmungsarten der bekannten Sinne nimmt der visuelle klar den ersten Platz ein. Entsprechend sind auch die häufigsten Wahrnehmungen verstorbener Menschen visueller Art. Die Kulturgeschichte ist voll von Berichten über visuelle Begegnungen mit physisch nicht anwesenden Menschen, im Volksmund oft als Geister-Erscheinungen bezeichnet. Viele Studien bestätigen dies, so auch insgesamt meine 25-jährige Projektarbeit zu dieser weitreichenden Thematik, bei der ich den Spuren dieser Erfahrungen in der Sach- und Fachliteratur bis zu den historischen Wurzeln gefolgt bin, hauptsächlich in Deutschland, Österreich und Großbritannien.[17] Untersuchungen

16 Für die Integration innerer Erfahrungen in ein wissenschaftliches System vgl. Harald Walach 2015, Spiritualität.

17 Puhle 2019; Puhle 2009, Mit Shakespeare durch die Welt der Geister.

zu aktuellen Erfahrungen bestätigen dies. Der isländische Psychologe Prof. Dr. Erlendur Haraldsson[18] fand bei seinen Studien von 449 isländischen Fällen von Begegnungen mit Verstorbenen, die alle im Wachzustand gemacht wurden, dass 303 Fälle (67%) visueller Natur waren.[19] Die neueste internationale und größte Umfrage zu Kontakten mit Verstorbenen, durchgeführt von Evelyn Elsaesser, Chris Roe, Callum Cooper und David Lorimer, ergab, dass von 1004 Personen 460 die Toten *sahen.*[20] Dies geschah nicht nur im wachen Zustand, sondern auch nachts und im Schlafzimmer, was überhaupt für alle Erlebnisse mit PSI typisch ist. 618 Teilnehmer*innen (62,2%) begegneten ihren Verstorbenen im Schlaf oder beim Einschlafen und Aufwachen.[21] Ein persönliches Beispiel für ein Erlebnis im Zwischenstadium von Wachen und Träumen gebe ich an anderer Stelle, wobei die Erscheinung *aussah* wie ein Mensch aus alter Zeit, jedoch ungeklärt ist.[22]

Anders als das Wort *ghost* bedeutet *Geist* im Deutschen nicht nur den Geist eines Verstorbenen, sondern auch den Geist eines Lebenden. In beiden Sprachen jedoch kann sich dieses Wort auch auf eine unbekannte Person beziehen, deren Identität erst nachträglich identifiziert wird oder auch nicht. In unserem Kontext wenden wir uns vorrangig den Erscheinungen von Verstorbenen zu, die denen, die sie wahrnahmen, bekannt und verbunden sind. Obwohl diese Erfahrungen landläufig als außergewöhnlich gelten könnten, sind sie es nicht. Im Gegenteil, Umfragen haben gezeigt: Sie sind gewöhnlich, denn gut die Hälfte der Menschen in Industrieländern hat sie gemacht. Es ist davon auszugehen, dass diese Erhebungen nicht die volle Realität

18 Erlendur Haraldsson (1931-2020) war ein isländischer Journalist und Professor für Psychologie an der Universität von Island in Reykjavik.

19 Haraldsson 2012, The Departed Among the Living, S. 3.

20 Elsaesser; Roe; Cooper & Lorimer 2020 (a and b), Investigation of the Phenomenology and Impact of Spontaneous and Direct After-Death Communications (ADCs), siehe (b), S. 7.

21 A. a. O., S. 8.

22 Puhle 2018, Traum Nr. 12, S. 110f.

erfassen, denn es besteht eine Hemmschwelle, darüber zu sprechen, um sich nicht lächerlich zu machen. Das Schweigen wiederum führt zum Vergessen. Im Gespräch über solche Erfahrungen muss zunächst eine Atmosphäre des Vertrauens aufgebaut werden – was länger dauern kann – um zunächst die Erinnerung an das Erlebte zu wecken und dann die Erfahrung preiszugeben.

*Wie* eine verstorbene Person erscheinen kann, ist unterschiedlich. Sie ist nicht immer vollständig, sondern es kann auch nur ein Teil, wie etwa das Gesicht, zu sehen sein. Die Person kann aussehen wie kurz vor ihrem Tod, oft auch jünger, wie in der Blüte des Lebens, ohne Zeichen von Krankheit, und nur selten erscheint sie älter als zu ihrer Todeszeit, etwa im Fall von verstorbenen Kindern. Sie kann auch zunächst nur als Licht oder Lichtpunkt erscheinen und sich erst langsam in eine konkrete Person entwickeln. Oder die Erscheinung ist von einem Licht umgeben.[23] Ein isländischer Junge sah im Alter von acht bis dreizehn Jahren seine Mutter an seiner Bettkante sitzen, während sie in Wirklichkeit im Krankenhaus lag. Das geschah oft, wenn er eine Entscheidung treffen musste. Seine Mutter war dabei von Dunkelheit umgeben. Auch nach ihrem Tod erschien sie ihm, doch war es nun heller um sie herum.[24]

Eine spezielle visuelle Erfahrung, von der zwar bisweilen berichtet wird, die aber meines Wissens nach noch nicht erforscht wird, ist das Überschatten des eigenen Spiegelbildes durch eine verstorbene Person.[25] Ein Beispiel gab uns die Schwester eines verstorbenen schwedischen Freundes: Sie sah in der Zeit kurz nach dem Tod ihres Bruders einmal im Spiegel statt sich selbst ihren Bruder deutlich durch ihr Gesicht scheinen.

23 Haraldsson 2012, S. 134
24 A. a. O., S. 139.
25 Im Unterschied zu der im Vorwort erwähnten Identifizierung von Trancemedien mit Verstorbenen, dauert das Sehen Verstorbener im eigenen Spiegelbild nur Sekunden.

Die *Dauer* einer Erscheinung ist in der Regel sehr kurz, nur wenige Sekunden, aber es gibt selten wiederkehrende Begegnungen. Auch das *Ende* der Erscheinung ist nicht immer gleich: Mal löst sie sich in Luft auf, oder sie hinterlässt einen Hauch von Rauch, wovon Haraldsson ein Beispiel gibt[26]. Typisch ist, dass im Moment des Sich-bewusst-Werdens, dass man gerade eine Erscheinung sieht, das Bild verschwindet – ganz wie im Klartraum, wo die Begeisterung oder das Erstaunen die Betroffenen aus ihrem speziellen Bewusstseinszustand reißt und in den gewöhnlichen Wachzustand versetzt. Auch das Licht anschalten oder Licht anlassen sind altbekannte Tricks[27], wenn sich jemand, nicht nur Kinder, nachts vor geisterhaften Phänomenen fürchtet.

### Auditive Wahrnehmungen

Viele Wahrnehmungen von Verstorbenen laufen über das Gehör. So folgen nach Haraldssons Studie die auditiven Kontakte mit Verstorbenen an zweiter Stelle nach den visuellen: 127 von 449 Personen erlebten es auf diese Weise (28%).[28] Nach der aktuellen Studie rangiert das Hören einer verstorbenen Person mit 430 von 1004 Personen an dritter Stelle (43,3%).[29] Alt überliefert ist das Hören von Schritten, die charakteristisch für eine verstorbene Person sind, ohne dass diese dabei gleichzeitig gesehen wird. Geheimnisvolle Schritte oder auch eine individuelle Gangart werden oft kurz nach dem Tod eines bestimmten Menschen gehört und wiedererkannt. Hierzu fügt sich ein immer wieder berichtetes Phänomen aus sogenannten Spukschlössern, in denen die Schritte Verstorbener noch Jahre oder Jahrhunderte lang nachklingen sollen. Nachklingen oder frisch vernehmen lassen? Beides sind mögliche Deu-

---

26 A. a. O., 2012, S. 112.
27 A. a. O., S. 188f.
28 A. a. O., 2012, S. 3.
29 Elsaesser; Roe; Cooper & Lorimer 2020 (b), S. 6.

tungen: Es könnte sich um eine Art Gedächtnis des Ortes handeln, oder kehren die Toten tatsächlich zeitgleich zurück? Forschungen zu diesen Phänomenen gibt es noch nicht, auch wenn die Resonanz-Theorie der britischen Biologen Rupert Sheldrake *Occams Rasiermesser*[30] passiert.[31]

Die akustischen Phänomene werden als Mimikry-Geräusche bezeichnet. Sie vermitteln den Eindruck, *als ob* jemand einen Gang entlang geht, *als ob* jemand die Treppen hinauf oder herunter kommt, die Tür öffnet, den Schlüssel umdreht oder ein Zimmer betritt.[32] Sie werden nicht nur unmittelbar nach dem Tod eines Menschen berichtet, sondern mitunter auch lange Jahre oder Jahrhunderte nach einem Todesfall, der in Herrenhäusern und Schlössern geschehen ist, in denen die Bewohner oder Angestellten vor langer Zeit grausamen Taten zum Opfer gefallen sind oder aus anderen Gründen an den Ort gebunden zu sein scheinen – so der überlieferte Glaube. Sowohl im personengebundenen als auch im ortsgebundenen Spuk findet sich das Motiv der orientierungslosen oder an ihr früheres Leben gebundenen Seele.

Mir wurden zahlreiche Geschichten zu auditiven Phänomenen erzählt, und ich habe als Schülerin selbst eine Erfahrung dieser Art gemacht, lange bevor ich die Fachliteratur kannte: Als mein Vater auf einer Reise verstarb und zurück nach Berlin überführt wurde – es war im Januar, früh morgens um 7 Uhr – und der Leichenwagen vor unserer Haustür parkte, hörte ich zufällig im Vorübergehen an der Wohnungstür Schritte auf dem Hausflur. Die Gangart war typisch für meinen Vater, wenn er die Treppe hochkam. Es klang so echt nach meinem Vater, dass ich unwillkürlich die Wohnungstür öffnete, um

30 Das nach dem englischen Philosophen William of Occam (ca. 1285 - ca. 1348) benannte wissenschaftliche Prinzip besagt, dass von mehreren Theorien die jeweils einfachste den Vorzug haben sollte.

31 Siehe Puhle 2004.

32 Zu den Mimikry-Geräuschen gehören viele andere akustische Phänomene, z. B. Stimmen, Gesang, Schritte, knarrende, sich von selbst öffnende Türen. S. Fanny Moser 1950, Spuk.

nachzusehen, was das war. Aber im Hausflur war es frühmorgens noch stockdunkel, so dass ich das Licht anschalten musste. Sie ahnen es schon: Niemand war dort. Doch die Erfahrung war real. Das Erlebnis machte damals für mich Sinn, denn es kam mir vor, als wollte sich mein Vater von mir verabschieden, da ich nicht wie die anderen in unserer Familie mit auf den Friedhof fahren wollte, um meinen Vater noch einmal zu sehen. Solche Fälle gelten in der Wissenschaft als Anekdoten, doch in ihrer Häufigkeit und der Gleichförmigkeit ihres Musters, in ihren Gemeinsamkeiten liegt Objektivität.

### Olfaktorische Erfahrungen

Düfte und Gerüche können lebhafte Erinnerungen an Verstorbene wecken. Auch hier stehen wir vor dem Rätsel, wie dieser Duft, der für die Betroffenen in der Luft liegt, wahrgenommen wird. Die olfaktorischen Kontakte mit den Verstorbenen gehören zu den selteneren Phänomenen. Sie gehören nach Haraldssons Studie mit 21 von 449 Fällen (5%) zu den vierthäufigsten Wahrnehmungen nach den visuellen, auditiven und taktilen Assoziationen mit einer verstorbenen Person.[33] Nach den Erhebungen der jüngsten Studie rücken sie sogar auf Platz 5 und sind demzufolge am wenigsten verbreitet: 276 von 1004 Menschen berichten von diesen Erfahrungen (27,9%).[34]

Nach dem Tod der Vize-Präsidentin der *CFPSS*[35], Barbara Bunce, die selbst mediale Fähigkeiten hatte und sich eng verbunden mit der Karmeliterin Thérèse de Lisieux fühlte, deren Symbol die Rose war[36],

33 Haraldsson 2012, S. 3.

34 Elsaesser & Co 2020 (b), S. 8.

35 Das Wort *psychical* hat kein Pendant im Deutschen und bezeichnet die Eigenschaft oder Begabung von Menschen, Psi-Phänomene spontan oder aktiv zu erfahren.

36 Barbara Bunce (1920-2018) war Vize-Präsidentin der *Churches' Fellowship for Psychical and Spiritual Studies*, UK. Siehe ihre Autobiographie 1998: One Witness.

beschrieben mir zwei ihrer Freundinnen ihre Erfahrungen mit unerklärtem Rosenduft. Ich selbst hatte zwar keine olfaktorische Erfahrung im Zusammenhang mit einer verstorbenen Person, jedoch einen Traum in der Nacht vor Barbaras Tod am 12.9.2018, in dem ich zu einer Einweihung einer Rose von einer Apothekerin in ihren Heilpflanzengarten eingeladen wurde.[37] Nicht immer ist es ein Pflanzenduft[38], sondern auch ein charakteristisches Parfum oder Zigarrenrauch kann einen Moment lang eine intensive, reale Begegnung mit einer vermissten Person herbeizaubern. Es muss auch nicht unmittelbar nach dem Tod geschehen, sondern kann lange nach dem Tod vorkommen, wie in einer isländischen Erfahrung, die Monate später gemacht wurde, wobei sich der verstorbene Vater vom Kopf bis zum Oberkörper zeigte und ein andermal durch seinen Pfeifengeruch in seinem früheren Zimmer kundtat.[39]

Paranormale olfaktorische Wahrnehmungen wurden bereits vor über zweihundert Jahren von dem schottischen Arzt Martin Martin in seiner Abhandlung über das *second sight*, das Zweite Gesicht, auf den Hebriden beschrieben[40], wo nämlich manche Menschen außer im Voraussehen zukünftiger Ereignisse auch im Hören und Riechen der Zukunft begabt waren.

### Berührt von Verstorbenen

Immer wieder kommt es vor, dass geliebte Verstorbene ein handfestes, spürbares Zeichen ihrer Anwesenheit geben, oder andersherum formuliert, dass die Hinterbliebenen sich liebevoll angefasst oder in beliebiger Weise physisch berührt fühlen, selbst wenn niemand im Raum bzw. zu

37 Bericht in: Fellowship Review. CFPSS, Nr. 249, Sommer 2019, S. 26f.

38 Vgl. die olfaktorische Pflanzen-Erfahrung mit Alraunen-Rauch in Puhle 2021, S. 178f.

39 Haraldsson 2012, S. 35.

40 Martin Martin 1703: A Description of the Western Isles of Scotland.

sehen ist. Sie wissen oder assoziieren in einem solchen Fall spontan, wer sie berührt hat. Erstaunlich: 472 Personen haben laut der internationalen Studie diese Erfahrung gemacht (47,7%)[41], womit die taktilen Erfahrungen den ersten Platz einnehmen, während sie in Haraldssons Studie, der zufolge 60 Menschen (13%) dies erfahren haben[42], an dritter Stelle nach visuellen und auditiven Wahrnehmungen stehen.

Ich selbst hatte mein erstes außergewöhnliches Erlebnis bei einem Handschlag, allerdings nicht mit einem Toten, doch mit einem mir sehr nahestehenden Menschen, der kurz darauf sterben würde. In dem Moment, als sich unsere Hände zum Abschied berührten – ich war zahn Jahre alt und mein Onkel Anfang sechzig – durchfuhr mich der Gedanke: »Ich werde ihn nie wieder sehen!« Tatsächlich verstarb er noch in derselben Woche durch unglückliche Umstände, bevor ich ihn wieder sah. Dieses Erlebnis hat sich tief in mir eingeprägt und war sicher ein starker Impuls für meine gesamte spätere Arbeit. Die Frage nach einer fortdauernden Existenz unseres Wesenskerns, unserer Seele oder unseres Bewusstseins stellt sich auch hier: Woher könnte dieses plötzliche Wissen um seinen vorzeitigen Tod, das genau im Moment der Berührung unserer Hände vermittelt wurde, gekommen sein – von ihm oder von mir als präkognitive Wahrnehmung? Wie auch immer, es wirkte wie ein spontan bewusst gewordener Abschied, der in diesem Fall zeitlich geringfügig vorverschoben war.

### Gefühl ihrer Anwesenheit

Weit verbreitet ist auch das Gefühl von der Anwesenheit eines geliebten verstorbenen Menschen, auch wenn sie statistisch gesehen nur an letzter und vorletzter Stelle stellen. Betroffen waren in Haraldssons

41 Elsaesser & Co 2021 (b), S. 7.
42 Haraldsson 2012, S. 3.

Studie 49 Personen (11%)[43], während in der internationalen Studie 342 Personen (34,4%) diese Erfahrung beschrieben.[44] Diese Erlebnisse werden meistens als wirkliche Präsenz der Verstorbenen empfunden und verstanden.

Doch es gibt natürlich Ausnahmen: Der Autor C. S. Lewis[45] erlebte dieses Gefühl der Anwesenheit nach dem Tod seiner Frau, Joy Davidman, die drei Jahre nach ihrer Hochzeit an Krebs verstorben war. Obwohl ihm die Erfahrung wie eine Vergewisserung ihrer Gegenwart vorkam, rechtfertigte er sie als bloßen Eindruck, der nichts bewiese und keinerlei Evidenz hätte.[46]

## 3. Symbolische Kontakte mit geliebten Verstorbenen

Unzählige bedeutungsvolle Symbole verbinden die Lebenden mit den Toten und trösten sie. Mitunter sind es individuelle Symbole[47], die sich direkt auf eine verstorbene Person beziehen, auf deren Erlebnisse oder Vorlieben, aber es kann sich auch um allgemeine Symbole handeln, die sich tief in das menschliche Bewusstsein oder Unterbewusstsein eingegraben haben oder zu dem jeweiligen kulturellen Hintergrund gehören. Wir greifen hier nur einige wenige Symbole aus der bunten Vielfalt an Möglichkeiten heraus.

43 Ebenda.
44 Elsaesser & Co 2021 (b), S. 6.
45 Der irische Schriftsteller und Professor Cleve Staples Lewis (1898-1963) wurde durch sein Buch *The Chronicles of Narnia* weltberühmt.
46 Lewis notierte seine Erfahrung in »A Grief Observed« (nach LaGrand 1998).
47 Siehe Kap. 18, Klarträume: Bettinas Geschichte, Koinzidenz mit persönlichem Symbol.

## Vögel und andere Tiere

Der Vogel ist wohl das älteste Tiersymbol für die menschliche Seele. Die siebzehntausend Jahre alten Höhlenzeichnungen von Lascaux weisen darauf hin, und bis heute ist dieser Vergleich in aller Munde, auch in der modernen industrialisierten Welt. Ich selbst habe viele Geschichten von Menschen gehört, die im Zusammenhang mit einem Todesfall und der Zeit kurz danach ungewöhnliche Erlebnisse mit Vögeln hatten, mit Rotkehlchen[48], Möwen[49] und beliebigen anderen Vögeln, und diese Vögel erschienen in Mengen oder einzeln, dafür mehrmals. Oder ein toter Vogel symbolisierte den Tod eines Menschen. Tief im deutschen Volksglauben ist auch der Glaube verwurzelt, dass ein Rabe den Tod eines Menschen ankündigen könne.

Der Schmetterling ist ein weiteres allseits beliebtes Zeichen für die Seele eines verstorbenen Menschen. Eine junge schwangere Verwandte, heute Krankenschwester, erzählte mir, dass sich an dem Tag, als sie ihr Kind verlor, ein Schmetterling auf ihre Wange setzte und eine Weile lang an ihr haftete. Das sind Anekdoten, die ein uraltes Gedankengut widerspiegeln, das den Betroffenen in der Zeit ihrer Trauer Trost spendet und ihren Glauben an größere Zusammenhänge in der Natur und an ein Weiterleben weckt, aufleben lässt oder bestätigt.

Dem Reinkarnationsglauben der Griechen zufolge konnte ein verstorbener Mensch in unterschiedlicher Gestalt in das Leben wiederkehren. So erzählt Xenophanes von Pythagoras, dass dieser in einem Hündchen einen ehemaligen Freund wiedererkannte. Der Glaube an die Seelenwanderung diente zugleich als Motiv für Vegetarier, wie Empedokles

---

48 In Frances Hodgson Burnetts »The Secret Garden« (1909) zeigt ein Rotkehlchen Mary den Schlüssel zum geheimen Garten der verstorbenen Mutter ihres Cousins Colin.

49 Siehe das Beispiel in Puhle 2021, It's magic, Kap. 28, S. 236f: Meine Mutter sagt »hi«.

erklärt.[50] Auch von den heiligen, unantastbaren Kühen in Indien heißt es, sie sollen einigen Hindu-Gottheiten ihren Körper geliehen haben.

## Lichterscheinungen

In vielen Kulturen gilt der Atem als das Zeichen der Seele und des Lebens überhaupt. In Indien heißt er *atman*, im Hebräischen *ruah*, im Griechischen *psyché*. Von diesem Gedanken ist es nur ein kleiner Schritt zum Licht, das etwas an und für sich Unsichtbares wie das Leben und die Seele sichtbar macht. Es ist das Licht des Lebens, das aufleuchtet, wenn das Leben an die Grenze des Todes stößt oder sie schon überschritten hat. Dann scheint in uns selbst ein ungeahntes Licht auf, wofür ich an anderer Stelle viele Beispiele gegeben habe[51], und ebenso scheint es um die Verstorbenen herum, wenn wir sie wahrnehmen können, wovon wir ebenfalls zahllose Exempel haben.[52]

Wenn das Licht, physikalisch betrachtet, eine Doppelnatur als Teilchen oder/und Welle hat, so wird es noch geheimnisvoller, wenn es gesehen werden kann, ohne in messbarer Weise anwesend zu sein. Dies geschieht, wenn Menschen in besonderen Situationen ein hellstrahlendes Lichtes erblicken, das außer ihnen niemand sehen kann. Meist befinden sich die Betroffenen dabei in einer speziellen geistigen Verfassung, in einem leicht veränderten Bewusstsein wie im Schlaf und Traum, in tiefer Versenkung, im Gebet oder während einer Meditation. Typischerweise passiert es in Gefahrensituationen, während ernster Krankheit, in Not oder Verzweiflung, bei Hochstress oder einem Unglücksfall, in Todesnähe oder nach dem Verlust eines nahestehenden Menschen. Es kann aber auch ein schönes Ereignis ankündigen.

50 Siehe Puhle 2019, Bd. 3, S. 245.
51 Puhle 2014.
52 Ebenda; Haraldsson 2012, S. 7, 8, 24, 16, 56, 88, 94, 118, 133f, 139, 143, 173, 182, 199f, 228f.

Nicht selten kommt es vor, dass sich dieses für das sinnliche Auge unsichtbare Licht in eine Form entwickelt und Gestalt annimmt. So kann sich das mit dem inneren Auge wahrgenommene Licht zu einer Lichtgestalt entfalten oder als Engel oder ähnliches himmlisches Lichtwesen erscheinen. Bekannt ist, wie schon erwähnt, dass ein Licht zunächst als Lichtpunkt erscheint und sich erst allmählich in das Bild eines Menschen verwandelt.

Es gehört zum harten Kern von Nahtod-Erfahrungen, dass ein Lichtwesen erscheint und Verstorbene präsent sind. Ob und wie oft die Verstorbenen in NTE selbst im Licht erscheinen, ist meines Wissens nach nicht erforscht. Über die möglichen Gründe nachzusinnen, ob das Licht in den Wesen deren Frieden und fortgeschrittene Entwicklung anzeigt, wäre müßig.

Beispiele für ein Seelenlicht finden wir auch heute in den Berichten von Menschen, die Zeit bei einer sterbenden Person verbringen und im Moment des Todes beziehungsweise beim Übergang ein Licht aus dem Körper entweichen sehen. Das kann zu Hause, im Krankenhaus, Altenheim oder Hospiz vorkommen. Ob diejenigen, seien es Angehörige, Freunde, Ärzte oder Kranken- oder Pflegepersonal, dieses Licht, auch beschrieben in Form einer Lichtwolke, mit den physischen oder nicht-physischen Augen sehen, bleibt dahingestellt. Selbst wenn ein Mensch meint, wach zu sein, so kann er doch in einer Ausnahmesituation leicht in einen veränderten Bewusstseinszustand versetzt werden. Glaubwürdige Fotos von einem Seelenlicht sind mir nicht bekannt.

In einer Studie von über 800 Fallberichten von Erfahrungen mit nicht-physischem Licht, von denen 50 aus erster Hand und die anderen aus Fach- und Sachliteratur stammen, habe ich die unterschiedlichen Situationen und Verfassungen der Betroffenen analysiert und den Kern dieser Erfahrungen herausgeschält.[53] Typisch ist der Effekt auf das

53 Puhle 2013, Light Changes. Experiences in the Presence of Transforming Light.

Leben vieler Betroffener: Sie fühlen sich durch ihre Erfahrung (wie) verwandelt und haben eine neue Sicht auf ihr Leben, auf die Welt. Ihre Werte verschieben sich von materiellen auf nicht-materielle, auf das Wesentliche. Sie erlangen die Gewissheit eines Lebens nach dem Tod und verlieren die Angst vor dem Tod.

Es gibt zwei Lichtphänomene, die etwas für unsichtbar Gehaltenes fotografisch sichtbar machen: Das erst kürzlich entdeckte Phänomen ist der Lichtfunke, der bei der Befruchtung der menschlichen Eizelle gemessen werden konnte.[54] Das andere Phänomen betrifft die Biophotonen, die nachweisbar aus einem Lebewesen strahlen, sogar aus hochwertigen Lebensmitteln, in denen noch Leben steckt.[55]

### Physikalische Phänomene als Zeichen von Verstorbenen

Weit verbreitet in unserer modernen Welt und Zeit sind nach wie vor Zeichen aus einer Welt, in die, wie wir annehmen und hoffen, die Toten übergegangen sind. Hier geht es um handfeste Zeichen nach dem Tod eines geliebten Menschen, um Geräusche wie Klopfen gegen Fensterscheiben und Türen, Fußtritte, sich von unsichtbarer Hand öffnende oder zuschlagende Türen, sich ohne äußere Ursache bewegende Objekte, heruntergefallene Bilder, Fotos und Blumentöpfe, um stehenbleibende Uhren und viele andere merkwürdige, bislang unerklärte Phänomene. Ich habe selbst Kostproben dieser Phänomene erhalten, aber auch von anderen aus erster Hand darüber gehört. In den ersten Tagen nach dem Tod meiner von uns Geschwistern sehr geliebten Mutter zerbrach im Besteckkasten, den meine eine Schwester von unserer Mutter und diese wiederum von ihrem Vater geschenkt bekommen hatte, ein Messer, geschmiedet aus qualitativ hochwerti-

54 Puhle 2021, S. 212.

55 Siehe die Pionier-Arbeit des Physikers Fritz-Albert Popp (1938-2018) zu Biophotonen.

gem Silber (WMF). Die Klinge war quer in der Mitte gespalten, ganz grade, ohne dass es einen ersichtlichen Grund dafür gegeben hätte. Ein ungewöhnliches Phänomen berichtete Julian Drewett auf einer Tagung der schon erwähnten *CFPSS* in England, deren Geschäftsführer er damals war: Beim Tod seines Vaters blieb nicht – wie es häufig vorkommt – eine Uhr stehen, sondern sie begann, rückwärts zu laufen. Ob diese Phänomene von der verstorbenen oder durch die starken Emotionen der lebenden Person ausgelöst werden, oder ob sie durch eine Kommunikation zwischen den Welten entstehen, muss, wissenschaftlich gesehen, offenbleiben.

Diese spontan auftretenden physikalischen Erfahrungen um einen Todesfall herum sind bisher nicht Gegenstand der Forschung gewesen – aus dem üblichen Grund: Es stehen keine Forschungsgelder für dieses Thema zur Verfügung, das sich zwar nicht einfach ins Labor übertragen ließe, aber allein durch sein häufiges Vorkommen die Menschen bewegt und untersucht werden sollte.

Während einige Phänomene zeitnah zu einem Todesfall auftreten – die Biologin und Forscherin Dr. Fanny Moser[56] sprach von »ephemerem Spuk« –, so können andere, wie z. B. Fußtritte und Türen, die sich von selbst öffnen und schließen, auf Todesfälle zurückgehen, die vor langer Zeit stattfanden, und diese werden als »ortsgebundener Spuk« bezeichnet, im Englischen *hauntings* genannt. Diese an einen bestimmten Ort gebundenen Phänomene betreffen meistens ein Gebäude, etwa ein Haus, ein Schloss, eine Burg oder auch nur ein Zimmer, eine Treppe oder ein Möbelstück, werden aber auch im Freien beobachtet, etwa an einem See, einer Brücke oder Straßenkreuzung. Sie alle werden in der Volksüberlieferung mit weiterlebenden Seelen assoziiert. Im Unterschied zum ephemeren Spuk, der den Trauernden ein »Lebenzeichen« gibt und Trost spendet, wird der Hintergrund vom

56 Moser 1953, Spuk.

ortsgebundenen Spuk dagegen als Zeichen der ruhelosen Seele eines Menschen gedeutet, der an diesem Ort gelebt hat und womöglich einen Tod durch Gewalt erfuhr. Selbst wenn uns zu diesem Spuk-Typus erste Forschungsergebnisse vorliegen, so ist auch dies ein Gebiet, das einer näheren Untersuchung bedarf, da es ebenfalls zu den Erlebnisbereichen gehört, die uns Menschen mit der größten Frage konfrontieren: Dem Ende des Lebens. Auch die dritte Gruppe außergewöhnlicher physikalischer Phänomene, der »personengebundene Spuk«, wurde ursprünglich als Effekt von verstorbenen Seelen verstanden, wenn es sich hierbei wie auch im ortsgebundenen Spuk um als unangenehm empfundene Begegnungen mit den Toten handelt. Die heutige Forschung führt diese Art von störenden Phänomenen, die schon von Martin Luther als Werke von Poltergeistern interpretiert wurden, zum Teil auf die Psyche einer lebenden »Fokusperson« im Zentrum des Geschehens zurück.[57]

### Kontakte aus zweiter Hand

Im Unterschied zu Spontanphänomenen mit Verstorbenen gibt es heute wie damals ein großes Interesse an aktiven Kontakten mit den Toten über eine medial begabte Person, ein Medium.[58] Hier betreten wir ein Gebiet, das nicht von allen gutgeheißen wird, da es die Frage aufwirft, ob dieser Kontakt den Verstorbenen gerecht wird. Wir wissen – aus wissenschaftlicher Sicht – so gut wie nichts Konkretes über einen möglichen Zustand nach dem Tod, wenn auch die Forschung inzwischen Evidenz dafür liefert, *dass* unser Bewusstsein fortbesteht[59], wofür auch

57 Siehe Puhle 2004, Stichwörter »Fokusperson« und »Spuk, personengebundener«.

58 Haraldsson Survey von 1975, bestätigt in 2006, ergab, dass ca. ein Drittel der Bevölkerung eine mediumistische Séance besucht hat; siehe Haraldsson 2012, S. 173.

59 Siehe die Arbeiten von Peter & Elizabeth Fenwick, Penny Sartori, Pim van Lommel u. v. a.

dieses Buch als Beitrag gedacht ist. Wenn uns das Weiterleben nach dem Tod als wahrscheinlich oder sicher erscheint, so wissen wir über die Art des Weiterlebens herzlich wenig, wenn wir von medialen Durchgaben absehen, deren Echtheit sich ins Ungewisse verliert.[60] Aus dieser Perspektive erweist sich das sehnsüchtige Streben nach Jenseitskontakten als ethisches Problem, und wir sollten diese Ungewissheit über die Weise, wie sich das Leben danach gestalten könnte, respektieren und jede verstorbene Person wie eine lebende achten und nicht unnötig an uns binden, um Hilfe bitten oder um Rat fragen.[61] Diese Haltung hat noch einen weiteren Vorteil: Sie fordert uns dazu auf, uns auf unsere eigenen Kräfte zu besinnen, sprich in spiritueller Hinsicht autonom zu werden.[62] Auch ich möchte Sie dazu ermuntern, ihr eigenes, inneres paranormales Potenzial zu entdecken und zu entfalten, das ich die »Innere Magierin« nenne.[63] Das kraftvolle magische Potenzial steckt in uns allen, doch der Weg, sich dessen bewusst zu werden und immer mehr autonom und selbstverantwortlich zu leben, sich auf sich selbst zu besinnen und die eigene, äußere Grenzen sprengende Kraft und Weisheit zu entdecken und zu entfalten, kann ein langwieriger, lebenslanger Prozess sein. Rat und Hilfe von außen, von höher entwickelten Wesen – seien es Verwandte, Freunde, Bekannte, Heilige, Gurus, Engel und andere Lichtwesen – in schwierigen Situationen spontan zu erhoffen oder zu erhalten, ist nichts Ungewöhnliches. Hier könnte ein Kontakt mit Verstorbenen auf ganz natürliche, entspannte Weise zustande kommen.

---

60 Um die Aussagen eines Mediums zu verifizieren, könnte ein Proxy-Sitter eingeführt werden, eine Person, die von dem echten Sitter keinerlei Kenntnis hat. Das betrifft aber nur Daten, die das Medium sonst vom Sitter via ASW gewinnen könnte, während sich Aussagen über die Art und Weise einer Existenz nach dem Tod per se nicht überprüfen lassen.

61 Siehe Kap. 22: Erfahrungen und Gedanken einer deutschen Krankenschwester.

62 Diese Ansicht vertritt der Arzt Prof. Dr. Luis Portela, Präsident der BIAL Foundation, Porto, in seinem Buch *The Science of Spirit. Parapsychology, Enlightenment and Evolution*, 2021.

63 Siehe Puhle 2021.

Es ist möglich, wenn auch nur aus anthropozentrischer und diesseitiger Perspektive betrachtet, dass auch den Abgeschiedenen weiterhin irdische Angelegenheiten etwas bedeuten könnten und sie, wenn wir ihre Lebensbedingungen mit unseren vergleichen wollen, ähnliche Bedürfnisse haben, etwa menschliche Beziehungen, die in Unfrieden endeten, zu klären und sich zu versöhnen, sich um zurückgelassene Angehörige und Freunde zu kümmern, den Hinterbliebenen mitzuteilen, dass es ihnen nun gut gehe, unerledigte Geschäfte zum Abschluss zu bringen oder den Nachlass zu regeln, falls ein Testament nicht gefunden werden konnte. In diesen Fällen wird sich jedoch die verstorbene Seele von ganz alleine bei den Lebenden melden, um das Gewünschte zu erledigen und in Ordnung zu bringen. Hier wäre es theoretisch denkbar, dass die Verstorbenen einen Weg über Zweite wählen, sofern die Zielperson nicht offen für einen direkten Kontakt ist. Wir werden sehen, dass dies auch ganz natürlich – ohne Einschaltung eines Mediums – im Traum passieren kann. Wer sich nicht so gut an seine Träume zu erinnern vermag, kann ebenfalls Informationen von den Verstorbenen über eine andere Person, die sich sehr gut an ihre Träume erinnert, empfangen.

Ein Vorteil der Arbeit professioneller Medien ist – unabhängig vom Wahrheitsgehalt der durchgegebenen Inhalte, der oft nicht klar von Fantasie getrennt werden kann, dass sie den Trauernden Trost spenden, ihnen Zuversicht verleihen und inneren Frieden schenken, und das zu einem günstigeren Preis, als die Konsultation eines Psychologen kosten würde. Noch eine potenziell wichtige Aufgabe von Medien liegt in der akuten Hilfe – nicht für die Lebenden, sondern die Toten, die sich durch störende Phänomene bemerkbar machen, bekannt als Spuk. Als Ursachen für diese Phänomene werden ein zu früher oder gewaltsamer Tod, auch Selbstmord, angenommen. Ein Beispiel ist eine Frau in Reykjavik, deren Geist nach ihrem Suizid wie eine reale Person erschien, sehr gewalttätig auftrat, Türen zuknallte und die sie wahrnehmende Person auf den Rücken und die Hände schlug und sie Tag und Nacht nicht zur Ruhe kommen ließ. Es ging so weit, dass ein Medium eingeschaltet wurde, das herausfand, was dahintersteckte. Erst nachdem die Bedingungen der Toten erfüllt wurden, kehrte wieder Frieden ein.[64]

Noch eine allseits beliebte Art der Kontaktsuche mit einer verstorbenen Person ist eine zu Lebzeiten gemachte Vereinbarung, dass sich der oder die zuerst Verstorbene bei der hinterbliebenen Person meldet, eventuell auf eine bestimmte, abgesprochene Weise. Es scheint den Erzählungen und Berichten im Laufe der Jahrhunderte zufolge mitunter zu funktionieren.

Aus der parapsychologischen Forschung sind die historischen *Cross-Correspondences*, Kreuzkorrespondenzen, hervorzuheben, die zwar nicht durch eine Absprache zu Lebzeiten zustande kamen, aber bei denen das Interesse der verstorbenen Personen, die alle im Bereich Parapsychologie forschten, an einer Kommunikation mit den Lebenden vorausgesetzt werden darf. Bei den Korrespondenzen handelte es sich um Experimente, bei denen mehrere Medien, darunter Mrs. Piper und Mrs. Combe-Tennant, Botschaften der verstorbenen Forscher erhielten, zu denen Frederik Myers, seltener auch Edmund Gurney und noch andere Größen gehörten. Die von den Medien, die keinen Kontakt untereinander hatten, empfangenen Botschaften ergaben erst in ihrer Zusammenfügung einen Sinn.[65]

Ein Gebiet von potenziell hohem Wert ist das Aufklären von Verbrechen mithilfe einer medial begabten Person. Das kann sowohl beabsichtigt als auch spontan geschehen. Gewöhnlich meldet sich im Fall eines Mordes das Opfer bei einem Medium und gibt Hinweise,

64 Haraldsson 2012, S. 94.

65 Trevor Hamilton untersuchte die rund 3000 medialen Botschaften im Detail und beschrieb sie in seinem Buch *Arthur Balfour's Ghosts*, das Teil seiner Doktorarbeit ist.

die zur Lösung führen können. Anfang des 19. Jahrhunderts arbeitete die Polizei mit dem ostpreußischen Trance-Medium Elisabeth Günther-Geffers durchaus erfolgreich (20%) zusammen: Die Angaben des damals berühmtesten deutschen Mediums trugen vor allem zur Aufklärung von Diebstählen bei.[66] Ende des 20. Jahrhunderts wurde ein Mordfall in London, Ruislip, dank der 120 korrekten Hinweise des irischen Mediums Christine Holohan gelöst.[67] In den meisten Kriminalfällen, in denen sich Opfer bei Medien melden, handelt es sich, soweit ich weiß, nicht um Verstorbene, die eine enge Beziehung zu dem Medium hatten, sondern um Fremde.

Fazit: Wenn Sie sich einen Kontakt zu einem nicht mehr unter uns weilenden Menschen ersehnen, seien Sie vorsichtig und halten diesen nicht von seinem Weg – ins Licht – ab, von dem wir doch so gut wie nichts wissen. Vielleicht ist es ein Dankeschön, das sie ihr oder ihm senden möchten, oder die Sorge, ob es ihr oder ihm gut gehe. Das wäre altruistisch und in Liebe gedacht. Ebenso ist das Vertiefen in kriminelle Taten nicht ungefährlich für sensible Persönlichkeiten, da wir nichts Konkretes wissen, was sich in der nachtodlichen Ebene abspielt und auf die irdische Ebene auswirken könnte. Das uralte Gesetz der Anziehungskraft zwischen Ähnlichem mag hier walten.

## Evidenz auf Fotos und Film, im Radio und via Telefon

Immer wieder wurde versucht, die unsichtbare Existenz verstorbener Seelen auf die physikalische Ebene zurückzuholen und damit einen Beweis für das Leben nach dem Tod zu erhalten. Beweise gibt es aber in der Wissenschaft überhaupt nicht, außer in der Mathematik, dafür

66 Zu Günther-Geffers siehe Puhle & Parker-Reed 2017, Kap. 6, und Puhle 2021, S. 223f.

67 Zu Holohan und dem Mordfall Jacquie Poole siehe Puhle 2009, Kap. IV, und Puhle 2019, Bd. 3, S. 318-319.

aber Evidenz, Hinweise, die sich nicht einfach von der Hand weisen lassen. Und diese Evidenz kann sich akkumulieren.

Klassisch ist die Hoffnung auf ein Foto von einem unsichtbaren Wesen, von einem verstorbenen Menschen, also einem Geist. Versuche gibt es hier zuhauf, ernst zu nehmende Fotos dagegen selten, denn mit der Digitalkamera nahm auch die Manipulation Einzug in die Fotografie. Bei mechanischen Kameras ist Manipulation zwar ebenso, wenn auch weniger leicht möglich, und es kann zu Doppelbelichtungen kommen, aber das Negativ könnte hier Klarheit schaffen. Vermutlich handelt es sich fast immer um eine der beiden Möglichkeiten, Manipulation oder Doppelbelichtung, Doch es bleibt ein kleiner Rest, für den keine zufriedenstellende Antwort gefunden wurde. Ich habe mit Maurice Grosse[68] in London einen ganzen Nachmittag damit zugebracht, ungefähr fünfzig der besten Geisterfotos, die der SPR vor der Digitalkamera-Zeit zugeschickt wurden und für deren Aufbewahrung ihm die Verantwortung übertragen war, zu prüfen. Wir wählten einige wenige Fotos aus, bei denen etwas Unerklärliches abgebildet war, wofür es keine Erklärung gab. In einem Fall handelte es sich um den verstorbenen Vater eines Geburtstagskindes, der über dem kleinen Jungen zu schweben schien.[69]

Instrumentale Transkommunikation (ITK) bzw. elektronische Stimmphänomene, *Electronic Voice Phenomena* (*EVP*), wird ein Forschungszweig genannt, der per Radio oder Fernseher zunächst zufällig eingefangene akustische Phänomene daraufhin untersucht, ob sie sich als Stimmen Verstorbener identifizieren lassen. Angefangen hat alles mit dem schwedischen Künstler (Musik, Malerei, Film) Friedrich Jürgenson. Wie überrascht war er, als er am 12. Juni 1959 einen Recorder

68 Der Londoner Design-Ingenieur Maurice Grosse (1919-2006) war aktives Mitglied der *Society for Psychical Research* und dort u. a. verantwortlich für die Sammlung paranormaler Fotos. Bekannt wurde er durch seine Untersuchungen im Poltergeist-Fall in Enfield, UK.

69 Einige Geister-Fotos der SPR-Sammlung, auch das erwähnte, finden Sie in Puhle 2004.

im Freien vor seinem Sommerhaus aufgestellt hatte, um Vogelgesang und die Klänge des Waldes aufzunehmen, doch tatsächlich menschliche Stimmen aufgenommen hatte, obwohl weit und breit keine Menschenseele zu finden war und auch niemand Zugang zu dem Haus in der Einsamkeit hätte haben können! Er wollte herausfinden, ob es sich um Stimmen Verstorbener handeln könnte, und machte weitere Aufnahmen, bis etwas Seltsames geschah, das sein Leben verändern sollte: Er hatte eine Stimme aufgenommen, die sagte: »Friedel (sein Spitzname), kannst Du mich hören? Es ist Deine Mutter…«[70] Bald kam die Forschung ins Rollen, und inzwischen sind Forscher weltweit diesem Phänomen nachgegangen: Prof. Ernst Senkowski[71], Prof. Konstantin Raudive[72], Dr. Nils-Olof Jacobson[73], Prof. David Fontana[74], Annabella Cardoso[75]. Obwohl ich etliche unerklärte Tonbandstimmen abhören konnte, so war es mir bis jetzt nicht vergönnt, diese eindeutig als Menschenstimmen zu erkennen und ihre Worte zu verstehen – doch es gibt viele Tausende. Allerdings hat mich eine Episode persönlich betroffen, und diese ereignete sich in der Zeit kurz nach dem Tod meiner Mutter im Jahr 1996. Wir hatten einen Anrufbeantworter, der seit einigen Wochen seinen Geist aufgegeben hatte und ersetzt hätte werden sollen. Als mein Freund eines Tages – ohne irgendeine andere Absicht – den erfolgreichen Versuch unternommen hatte, ihn zu reparieren, war zu unserem Erstaunen die Stimme meiner Mutter klar und deutlich darauf zu hören: »Ihr beiden Lieben, ich möchte Euch nur sagen, dass ich gerade meinen kleinen Rundgang mache.« Das pflegte sie öfters zu tun, als sie noch bei uns wohnte und ohne Hilfe laufen und sprechen konnte, doch tatsäch-

70 Jürgenson 1964, Rösterna från Rymden (Die Stimmen aus dem Weltraum); siehe die Zusammenfassung in Portela 2021.
71 Senkowski 1995, Instrumentale Transkommunikation.
72 Raudive 1972, Überleben wir den Tod? Neue Experimente mit den Stimmenphänomenen.
73 Jacobson 1971, Liv efter döden? (Leben nach dem Tod?).
74 Fontana 2006, Is there an Afterlife?
75 Cardoso 2017, Electronic contact with the dead – What do the voices tell us?

lich war sie sechs Monate vor ihrem Tod durch einen Schlaganfall nicht mehr dazu in der Lage, weder ohne Hilfe zu laufen noch überhaupt zu sprechen. Nun gut, der AB hätte ihre Worte noch vor ihrem Schlaganfall aufgenommen haben können, doch das ließ sich ausschließen, da er nur eine sehr geringe Aufnahmekapazität hatte, die niemals Monate gereicht hätte, ohne die Aufnahmen kontinuierlich zu löschen. Bei diesem Vorfall handelte es sich gleich um drei Merkwürdigkeiten: 1. dass der AB sich überhaupt reparieren ließ, was mein Freund (Dr. in Elektrotechnik) schon vorher vergeblich probiert hatte, 2. dass die Stimme meiner verstorbenen Mutter so frisch wie aus dem Leben darauf zu hören war und 3. dass der Inhalt ihrer Worte symbolträchtig war und ihr Leben nach dem Tod als »einen kleinen Rundgang« beschrieb. Dieses Beispiel möge demonstrieren, wie das Universum mit uns spielt, wenn wir ihm auf die Schliche kommen wollen, indem es uns in ein Zwielicht führt, in dem sich spirituelle und materielle Phänomene – die symbolische Deutung und messbare Stimme[76] – überlappen.

Noch ein unerklärtes, allerdings im Vergleich zu ITK so gut wie nicht untersuchtes Stimmen-Phänomen gehört in diese Reihe: Es betrifft die Anrufe von Toten. Im Volksmund sind sie allerdings nicht unbekannt: Menschen gehen ahnungslos ans Telefon und hören jemanden reden, der oder die bereits verstorben ist. Die Unterhaltung fällt meistens sehr kurz aus, und noch ehe die Betroffenen realisieren, was gerade geschieht, ist der Anruf auch schon wieder beendet. Ein Anruf von der anderen Seite kann auch im Traum entgegengenommen werden, wie es Lucia mit ihrer verstorbenen Mutter erlebte.[77] Zu diesem Gebiet gibt es bis jetzt kaum Forschungsergebnisse.[78]

76 In diesem Fall war die Stimme realistisch wie üblich auf dem AB, im Unterschied zu den schwer verständlichen ITK-Stimmen.

77 Vollständiger Bericht in Puhle 2021.

78 Vgl. aber Scott Rogo & Raymond Bayless 1997, *Phone Calls from the Dead*, und Callum Cooper 2012, *Telephone Calls from the Dead*.

# Berichte von Erfahrungen aus verschiedenen Forschungsbereichen

## 4. Außerkörperliche Erfahrungen (AKE)

Die Erfahrung, sich außerhalb des physischen Körpers zu befinden, wird aus verschiedenen Situationen im Leben berichtet. Vor allem kommt sie in Krisen, bei Stress oder einschneidenden Ereignissen vor, oft in einem mehr oder weniger veränderten Bewusstsein, aber auch auf dem Weg der geistigen Entwicklung. Sie kann spontan gemacht oder erlernt und trainiert werden. Sie ist auch eine typische Phase zu Beginn einer Nahtod-Erfahrung (NTE). Begegnungen mit geliebten Verstorbenen, Freunden oder Verwandten bilden die am häufigsten berichteten Komponenten in NTE, wie eine Studie der walisischen Krankenschwester und Forscherin auf dem Gebiet der Nahtod-Erfahrungen, Dr. Penny Sartori, uns wissen lässt.[79] Einige Menschen, die eine NTE durchgemacht haben, berichten von akkuraten Beobachtungen der physischen Welt, während sie sich selbst außerhalb ihres Körpers wahrnahmen. Sie haben dabei Dinge beobachtet, die sie unmöglich auf normale Weise hätten sehen und wissen können.[80] Üblicherweise kommt es zu Begegnungen mit Verstorbenen, sobald die Außerkörperliche Erfahrung in eine Nahtod-Erfahrung übergeht.

79 Sartori 2014, The Wisdom of Near-Death Experiences, S. 8.
80 Siehe unten das Beispiel von Bruce Greyson, Erfahrung 1.

Außerkörperliche Erfahrungen (AKE) können nicht nur im ersten Stadium einer NTE auftreten, sondern auch in einer Temporären Todeserfahrung (Kap. 11), ebenso in Stress-Situationen, aber sie kommen außerdem unter vielen anderen Umständen vor, unabhängig von Stress, Krisen, Unfall, Unglück, Krankheit oder Tod.

AKE überlappen sich stark mit Klarträumen und lassen sich nicht ganz so scharf von ihnen unterscheiden. Einige Aspekte sind jedoch normalerweise, wenn auch nicht unbedingt in allen Fällen, verschieden:

- AKE starten von der Körperposition aus – nicht so Klarträume;
- AKE beinhalten die Erfahrung, den Körper zu verlassen – Klarträume nicht;
- AKE beinhalten die Wahrnehmung des physischen Körpers – Klarträume nicht;
- AKE beinhalten immer das Gefühl zu fliegen – Klarträume nicht immer.

Unser erstes Beispiel einer Erfahrung aus der Fachliteratur ist eine klassische Beschreibung dessen, was die Betroffenen unter einer AKE verstehen. Das Sehen verstorbener Verwandter oder Freunde gilt zwar als Hauptteil von NTE und Temporären Todeserfahrungen, doch das Wiedersehen mit Verstorbenen findet gewöhnlich in einem späteren Stadium der NTE statt. Jedoch ist das Bewusstsein, den Körper verlassen zu haben und weiterhin die physische Welt wahrzunehmen, ein Zeichen für die Realität und den Wahrheitsgehalt der Erfahrung, der den Grund dazu liefert, die anderen Erfahrungen in diesem entkörperten Zustand ebenfalls ernster zu nehmen.

### VON OBEN BEOBACHTET

(Erfahrung 1)
Ein 56-jähriger LKW-Fahrer, der während einer koronaren Bypass-Operation eine NTE hatte, behauptete, er habe, obwohl er vollständig betäubt war, seinen Körper während der Operation verlassen und von oben beobachtet, wobei er überrascht war, den Chirurgen »mit den Ellbogen schlagen zu sehen, als ob er versuchen würde zu fliegen«. Als er später den Chirurgen fragte, warum er sich auf dieses seltsame Verhalten eingelassen hatte, erklärte der Chirurg, dass er seinen Assistenten erlaubt hatte, die Operation zu beginnen, und dann betrat er die Operationssuite, um sie zu beaufsichtigen. Nachdem er seine Hände »geschrubbt«, Handschuhe und Kittel angezogen hatte und nicht riskieren wollte, etwas anzufassen, das sich nicht im sterilen Operationsbereich befand. Bis er bereit war, die Operation durchzuführen, legte er seine Hände sicher auf seine Brust und bewegte seine Ellbogen, um seine Anweisungen an die Assistenten zu betonen. (Cook et al. 1998[81]).

(Bruce Greyson 2010)[82]

## 5. Nahtod-Erfahrungen (NTE)

Nahtod-Erfahrungen sind alles andere als Fantasien, Halluzinationen oder gewöhnliche Träume. Sie scheinen inhaltlich einem einzigartigen Muster einer geheimnisvollen Reise mit bestimmten, wenn auch va-

81 Cook et al. 1998, S. 377-406.
82 Greyson 2010, Seeing Dead People Not Known to Have Died: »Peak in Darien« Experiences, S. 161.

riablen oder verkürzten Abläufen zu folgen. Zu den typischen Reiseerlebnissen gehört das Wiedersehen Verstorbener. Davon zeugt eine »beträchtliche hohe Zahl« von Fällen, so die Forscherin Emily Kelly.[83] In der Regel wissen die Reisenden, dass die Menschen, denen sie begegnen, bereits verschieden sind, doch nicht immer. Selten wird im Rahmen einer NTE auch von Begegnungen mit noch lebenden Menschen berichtet.

Es gibt eine Reihe von Untersuchungen allein zu der Häufigkeit von Begegnungen mit Verstorbenen wie auch Lebenden im Rahmen einer NTE. Die Ergebnisse schwanken:

Zwischen 1988 und 1992 führte der Herzspezialist Pim van Lommel eine prospektive Studie in den Niederlanden durch – prospektiv im Gegensatz zu retrospektiv, also mit neuen, während des Projektes eingehenden Daten, statt mit nachträglichen Daten schon erlebter Erfahrungen. Diese Studie schlug ein wie ein Blitz, wurde sie doch in der berühmten Fachzeitschrift *The Lancet* veröffentlicht.[84] Von den 344 Herzinfarkt-Patienten, die eine Zeit lang für klinisch tot galten und dann erfolgreich reanimiert werden konnten, hatten 62 eine NTE, also fast jeder Fünfte (18%). Von diesen hatten wiederum 20 Personen, d. h. in etwa ein Drittel, eine Begegnung mit verstorbenen Familienmitgliedern oder Freunden.[85]

In der 665 NTE-Berichte umfassenden Sammlung des amerikanischen Forschers Bruce Greyson schließen 138 Fälle eine Begegnung mit einer verstorbenen Person ein, also 21%, während nur 25 Berichte (4%) von der Begegnung mit einer lebenden Person sprechen.[86] Emily

83 Emily Kelly 2001, Near-Death Experiences with Reports of Meeting Deceased People. S. 232.

84 Pim van Lommel, R. van Wees, V. Meyers et al. 2001, Near-death experiences in survivors of cardiac arrest: a prospective study in the Netherlands.

85 Lommel 2009, Endloses Bewusstsein, S. 150-153.

86 Greyson 2010, S. 161. Greyson ist Professor für Psychiatrie an der Universität von Virginia und Leiter der Abteilung Perceptual Studies.

Kelly fand in ihrer Studie von 553 NTE heraus, dass in 74 Fällen, d. h. in 13%, die Rede von Begegnungen mit Verstorbenen war.[87] Etwas geringer, 8%, fiel das Ergebnis von Kenneth Rings Untersuchung aus.[88] Peter und Elizabeth Fenwick kamen dagegen auf stattliche 39%.[89]

Interessant: Von den 74 Fällen mit Begegnungen Verstorbener, die Kelly fand, wurden 129 verstorbene Personen identifiziert, und davon waren fast alle Verwandte, nur 6 (5% ) waren Freunde oder Bekannte. Noch interessanter: Die knappe Hälfte von Kellys Berichterstattern, 33 von 74 Personen, sagte aus, dass in etwa die Hälfte der Verstorbenen, 61 von insgesamt 129, die ihnen erschienen, sehr nahestanden, aber in 10 Fällen haben die Betroffenen die verstorbene Person zu Lebzeiten nicht getroffen bzw. nicht treffen können. 9 von diesen 10 Verstorbenen waren Verwandte, die bereits tot waren, als die Betroffenen geboren wurden. In einem Fall handelte es sich um den zukünftigen Schwiegervater, der einige Monate starb, bevor derjenige, der die NTE erlebte, seine zukünftige Frau traf. Den Schwiegervater in spe erkannte er erst später auf einem Foto wieder.[90]

Hier sollen nicht unnötig viele Zahlen aufgereiht werden, doch zu den Tausenden von inzwischen sehr gut untersuchten NTE-Berichten gäbe es noch etliches mehr zu sagen, bevor wir zu den praktischen Fallbeispielen übergehen. Wir konzentrieren uns daher auf das Wesentliche.

Was wissen wir über den Bewusstseinszustand der Betroffenen? Dieser spezifische Zustand ist oft nicht genau zu bestimmen, ausgenommen im Fall von Temporären Todeserfahrungen, wenn die Patienten bewusstlos sind. Jedenfalls können wir festhalten, dass NTE bei ver-

87 Kelly 2001, Near-Death Experiences with Reports of Meeting Deceased People, S. 233. Emily Kelly ist Assistenzprofessorin an der Universität von Virginia, Abt. Perceptual Studies.

88 Kenneth Ring 1980, Life at Death, S. 67.

89 Fenwick & Fenwick 1995, The Truth in the Light, S. 16.

90 Kelly 2001, S. 239.

ändertem Bewusstsein auftreten, und in dieser Hinsicht gleichen sie Träumen. Die Benennungen aller dieser Phänomene, in denen wir den Verstorbenen begegnen können, einschließlich der Nahtod-Erfahrungen hat sich im Laufe der Zeit, und in diesem speziellen Fall im Laufe der Jahrtausende, verändert. Auch die oberflächliche Erst-Einschätzung für unerklärte Erscheinungen wie Begegnungen mit Verstorbenen, sie seien Träume, ist äußerst irreführend, da sie impliziert, dass die Erfahrung nicht real ist, »nur ein Traum«. Doch das Beiseiteschieben in die Kategorie Traum ist nichts anderes als ein »Versuch, nicht mehr daran denken zu müssen«.[91] Der oben erwähnte holländische Kardiologe und NTE-Forscher Pim van Lommel, dessen Forschung in sein Buch *Unendliches Bewusstsein* einfloss, weist zwar auf die Ähnlichkeiten von NTE und Träumen hin, denn beide ermöglichen die Begegnung mit Verstorbenen, betont aber gleichzeitig die Unterschiede, da Träume im Gegensatz zu NTE keine gleichbleibenden Muster aufweisen.[92] Darüber hinaus hebt er hervor, dass Träume, anders als NTE, nicht sehr lange im Gedächtnis bleiben und nur selten das Verhalten und überhaupt das Leben der Erfahrenen verändern. Allerdings vergleicht er hierbei NTE mit Träumen im Allgemeinen, die oft nur bruchstückhaft erinnert werden. Dagegen habe ich in meiner Studie über Träume von Verstorbenen gezeigt, dass beide Gemeinsamkeiten haben und mehrere Kern-Erfahrungen teilen.[93] Folglich sollten NTE mit solchen Träumen von Verstorbenen verglichen werden, die die Träumenden stark beeindruckt und überzeugt haben. Diese Träume bleiben tief im Gedächtnis verankert und überzeugen die Träumenden von der Echtheit der Begegnung und oft zudem von der Fortsetzung des Lebens oder Bewusstseins nach dem Tod. Das Forscherteam Stanley Krippner, Fariba Bogzaran und

91 Arthur Hastings 2002, The Resistance to Belief, zitiert in Noyes, Fenwick, Holden & Christian 2009, S. 55.

92 Lommel 2009, S. 140.

93 Diese Studie wurde Grundlage des vorliegenden Buches, wie in der Einführung angeführt.

André Percia de Carvalho bestätigte genau dies, nämlich, dass Träume von Verstorbenen sehr wohl einen starken Eindruck hinterlassen und in der Tat das Leben verändern können, zum Beispiel die Menschen »dazu motivieren, ihre Konfession zu ändern, einen neuen Glauben anzunehmen oder sie zu einer unterschiedlichen Weltanschauung zu führen«.[94] Der englische Psychologe Dr. Callum Cooper kommt in seiner Doktorarbeit zu dem Ergebnis, dass »solche Traumerfahrungen eine wirkliche Interaktion mit den Toten erlauben und anscheinend einen ebenso therapeutischen Wert für die Trauernden haben wie spontane Erfahrungen im bewussten Wachzustand«.[95] Es ist völlig verständlich, dass intensive Traum-Begegnungen mit den Toten sich tief ins Gedächtnis eingraben und gut erinnert werden können – zu diesem Schluss kommt auch Sylvia Hart Wright[96], die ebenfalls auf den lange anhaltenden Einfluss von Träumen mit Verstorbenen auf die Träumer hinweist.[97] Diesem Ergebnis stimme ich aufgrund meiner eigenen Studien[98] sowie meiner persönlichen Träume zu.

Nahtod-Erfahrungen sind bekannt für das Gefühl eines demütigen Staunens, eines ehrfürchtigen Erschauerns und völligen Akzeptierens der Situation beim Anblick eines unirdischen und ungewöhnlich hellen Lichtes. Die Erfahrenden beschreiben häufig, wie es ist »auf ihrem Weg ins Licht«, und dass sie geliebte Menschen treffen, die bereits auf der anderen Seite sind und nun glücklich wirken und lebendig, gesund und jünger aussehen. Ein Beispiel aus Island berichtet von einer Person, die nachts, nachdem sie das Licht ausgeschaltet hatte, plötzlich an

94 Krippner, Bogzaran & Percia 2002, Extraordinary Dreams and How to Work with Them, S. 151; zitiert nach Cooper 2017, Spontaneous Post-Death Experiences and the Cognition of Hope: An Examination of Bereavement and Recovery, S. 33.

95 Cooper 2017, S. 33.

96 Sylvia Hart Wright 2002, When Spirits Come Calling.

97 Cooper, Roe & Mitchell 2015, Anomalous experiences and the bereavement process.

98 Puhle 2004; 2006; 2009; 2013; 2017; 2018; 2019; 2021.

der Wand am Fußende ihres Bettes das Bild ihrer Schwester, die drei Jahre zuvor, im Alter von sechzig Jahren, gestorben war, wahrnahm. Doch die Tote erschien ihr als Siebzehnjährige, angestrahlt von einem hellen Licht, das von hinten das Bild zu beleuchten schien. Es verschwand auf ebenso geheimnisvolle Weise wie es aufgetaucht war.[99]

Bemerkenswert ist weiter, dass fast alle Befragten (80%) in einer großen NTE-Fallstudie sagen, sie hätten dabei »klarer als gewöhnlich« denken können oder »so klar wie immer«. Drei Viertel der Betroffenen (74%) behaupten sogar, dass sie »schneller als gewöhnlich« denken konnten oder mit der »üblichen Schnelligkeit«. Zwei Drittel der Erfahrenden (65%) fanden ihr Denken während der NTE »logischer als gewöhnlich« oder »so logisch wie immer«. Und die gute Hälfte der Befragten (55%) gab an, sie hätten »mehr Kontrolle über ihre Gedanken gehabt als gewöhnlich« oder »so viel Kontrolle wie immer«.[100] Das schnellere Denken während einer NTE passt zu dem blitzschnell ablaufenden Lebensrückblick von NTE, in dem sämtliche Lebensereignisse in beinahe einem einzigen Moment ablaufen.

Nun kommen wir zu einem klassischen Erfahrungsbericht, den Penny Sartori neben vielen anderen typischen NTE-Beschreibungen von Menschen in ihren Achtzigern und Neunzigern erhalten hat, die den Betroffenen noch nach langen Jahren sehr lebhaft im Gedächtnis geblieben sind. Der Bericht wurde ihr von einer neunzigjährigen Frau anonym zugesandt. Er beschreibt eine NTE, die diejenige als Teenager während einer akuten Blinddarmentzündung erlebt hat. Die Berichterstatterin schreibt: »Obwohl ich versucht habe, mir einzureden, dass die Erfahrung ein Traum war, ist sie mir bis heute sehr lebendig in Erinnerung geblieben.« Die Schreiberin durchlebte in der NTE das

99 Haraldsson 2021, S. 7.

100 Kelly et al 2007, Unusual Experiences Near Death and Related Phenomena, S. 386 (nach einem Hinweis von Greyson 2010, S. 160).

Passieren eines Tunnels, das Näherkommen eines immer größer werdenden Lichtes und das Erreichen eines goldglänzenden Tores:

### HINTER EINER WOLKE

(Erfahrung 2)

... Da stand ein Mann in einer langen weißen Robe... Ich sah durch das Tor und erkannte meine Großeltern und andere, die gestorben waren. Sie befanden sich anscheinend hinter einer Wolke. Ich konnte sie nur von der Taille an aufwärts sehen. Sie hatten solch einen Ausdruck von Frieden und Glück in ihren Gesichtern, und da war ein unbeschreiblicher Frieden um mich herum...

(Penny Sartori 2014)[101]

## 6. »Peak in Darien«-Erfahrungen

Der Name »Peak in Darien« rührt von einem Buch der Irin Frances Power Cobbe her, geschrieben im Jahr 1882 – genau in dem Jahr, in dem die renommierte Londoner *Society for Psychical Research*, die sich bis heute den paranormalen Phänomenen von Spontanerfahrungen bis Laborforschung widmet, gegründet wurde. Cobbe bekam die Idee für diesen Namen aus einem Sonett von John Keats[102], das die überraschten Spanier beschreibt, die beim Aufstieg auf eine Bergspitze in Darien (heute Panama) einen Kontinent dahinter erwarteten, doch stattdessen einen anderen Ozean zu Gesicht bekamen.[103] Cobbe,

101 Sartori 2014, The Wisdom of Near-Death Experiences, S. 37.
102 John Keats 1816, On First Looking into Chapman's Homer.
103 Greyson 2010, Seeing Dead People Not Known to Have Died: »Peak in Darien« Experiences. S. 161.

die sich mit religiösen Fragen auseinandersetzte, sich für Frauenrechte und gegen Vivisektion einsetzte, gab ihrem Gedicht den vollen Titel »The Peak in Darien: The Riddle of Death«. So löst das danach benannte Phänomen große Überraschung aus, wenn Sterbende Verstorbene sehen, unter denen Menschen sind, von deren Tod noch nichts bekannt ist. Um diese Erfahrungen kreisen zahlreiche sogenannte Anekdoten. Etwa wird von einem neunjährigen Jungen in Pittsburgh berichtet, der nach einer lebensgefährlichen Hirnhautentzündung das Bewusstsein wiedererlangt und von seiner wunderschönen Himmelsreise erzählt: Er habe dabei seine Großeltern gesehen und seine Schwester. Die Schwester allerdings befand sich bei bester Gesundheit in ihrem College – so jedenfalls glaubten es die besorgten Eltern des Jungen, die die ganze Nacht an seinem Bett verbracht hatten. Der Junge allerdings behauptete, seine Schwester hätte ihm erklärt, dass sie dort bleiben dürfte, er aber auf die Erde zurückkehren müsse. Tatsächlich war die Schwester in besagter Nacht tödlich verunglückt, wie sich auf Nachfragen im College herausstellen sollte, von wo aus man vergeblich versucht hatte, den Vater telefonisch zu erreichen.[104]

Solche besonderen Fälle, in denen Erscheinungen von Verstorbenen wahrgenommen werden, ohne dass zu dieser Zeit irgendjemand, weder die Betroffenen noch die Angehörigen oder andere in deren Umfeld, weiß, dass die erschienene Person bereits tot ist, sind Paradebeispiele für den Wahrheitsgehalt der Erfahrungen. Diese Tatsache spricht klar gegen die verbreitete Annahme, dass es sich um Halluzinationen handele, die einer Erwartungshaltung zuzuschreiben seien.[105] In solchen Fällen liegt größte Überzeugungskraft, dass unser Bewusstsein nach dem Tod weiterbesteht.[106]

---

104 Dieser Fall wurde von Bruce Greyson berichtet und ist auch in der Schweizer Abteilung von IONS nachzulesen, siehe Literatur: Swiss IONS.

105 Greyson 2010, S. 161.

106 A. a. O., S. 159.

*Peak in Darien*-Erfahrungen können sowohl in NTE vorkommen als auch bei Sterbebett-Visionen (Kap. 12). Den kuriosen Fall eines scheinbar Toten schildert vor fast zweitausend Jahren Plinius der Ältere in seiner berühmten *Naturgeschichte* und beruft sich dabei auf Varro. Ein »Scheintod« war schon damals offenbar kein Einzelfall:

### UMORGANISATION EINER RÖMISCHEN BEERDIGUNG

(Erfahrung 3)

Von den zwei Brüdern Cortidius aus dem Ritterstande war der ältere scheinbar gestorben, und nach Eröffnung des Testamentes ordnete der darin zum Erben eingesetzte jüngere das Leichenbegängnis an; inzwischen ruft der ältere durch Händeklatschen die Dienerschaft zusammen und erzählt, er komme von seinem Bruder, der ihm seine Tochter empfohlen, ihm außerdem noch einen Ort angegeben, wo er ohne Mitwissen eines anderen Gold vergraben hätte, und gebeten habe, ihn so, wie es von ihm angeordnet sei, zu beerdigen. Während dieser Erzählung brachten die Diener seines Bruders die Nachricht, dass dieser plötzlich gestorben sei, und das Gold fand sich wirklich an dem bezeichneten Platze.

(Plinius der Ältere, Naturgeschichte)[107]

»Nur« fast hundert Jahre alt ist der Klassiker *Deathbed Visions*, »Sterbebett-Visionen«, des berühmten englischen Forschers Sir William Fletcher Barrett, in dem er auch Visionen von Sterbenden beschreibt, die nicht wussten, dass die Menschen, die ihnen erschienen, bereits

107 Plinius der Ältere 77 n. Chr., Naturgeschichte, Buch 7. Deutsche Ausgabe von C. G. Wittstein: Die Naturgeschichte des Cajus Plinius Secundus, 1881, Bd. 2, S. 63-64.

verstorben waren.[108] Barrett zitiert einen von Frances Power Cobbe berichteten Vorfall innerhalb einer Familie, deren Mitglieder sehr stark emotional miteinander verbunden waren:

**DIE ERSCHEINUNG DES BRUDERS IN INDIEN**

(Erfahrung 4)
Eine sterbende Dame – um den Aspekt freudiger Überraschung hervorzuheben – sprach davon, hintereinander drei ihrer Brüder gesehen zu haben, die alle schon lange tot waren. Und dann erkannte sie schließlich am Ende einen vierten Bruder, von dem die um ihr Bett herum Stehenden meinten, dass er immer noch in Indien und am Leben sei. Dass sein Name mit den drei verstorbenen Brüdern in Verbindung gebracht wurde, löste solch ein Erstaunen und Entsetzen bei einer der anwesenden Personen aus, dass sie aus dem Zimmer stürmte. Einige Zeit später trafen Briefe mit der Todesnachricht des Bruders in Indien ein, der einige Zeit, bevor die Schwester ihn erkannte, eingetreten war.

(William Barrett 1926)[109]

## 7. Krisenerscheinungen (crisis apparitions)

Krisenerscheinungen haben Menschen, die gleichzeitig oder zeitlich sehr eng mit dem Trauma einer anderen Person zusammenfallen, das sehr oft zum Tod führt. Dies geschieht ohne vorherige Kenntnis um die Krisensituation der betreffenden Person. Der englische Mathe-

108 William Fletscher Barrett 1926, Deathbed Visions. Kap. 2.
109 Siehe R. Pike: Life's Borderland and Beyond, S. 18: http://survivalafterdeath.near-death.com/library/barrett/dbv/chapter2.htm

matiker und *Psychical Researcher* George Nugent Merle Tyrrell gab diesen Phänomenen den Namen *crisis apparitions*, Krisenerscheinungen[110] – ein Begriff, der bis heute in der Fachsprache gebräuchlich ist.[111] Diese Art von Erscheinungen überlappt sich zum Teil mit Sterbebett-Koinzidenzen (siehe Kap. 12), doch während Krisenerscheinungen auch in Situationen vorkommen, die nicht tödlich ausgehen, sind Sterbebett-Koinzidenzen per definitionem immer an einen bald darauffolgenden Tod gebunden. Beide Arten von Phänomenen können ebenso als lebhafte Träume vorkommen.

Der nächste Erfahrungsbericht wurde mir persönlich von Herrn Stan Harris aus Cheshunt, einer Stadt in Herfordshire nordwestlich von London, zur Veröffentlichung anvertraut. Stan ist ein exzellenter und begeisterter Radfahrer und Langstrecken-Läufer, zudem ein sehr realistischer Mann, sehr kritisch eingestellt, wenn die Sprache auf paranormale Erfahrungen kommt. Immerhin hatte er *eine* eigene Erfahrung, die er sich nicht erklären konnte und die ihm auch nicht aus dem Gedächtnis ging. Ich fragte ihn, ob er diesen Vorfall dokumentieren könne, wozu er gerne bereit war und mir seinen Text zur Veröffentlichung zur Verfügung stellte.[112] Seine außergewöhnliche Erfahrung machte er während eines großen Rennens am 27. und 28. Juni 1987:

**»EUROPEAN CHALLENGE TRAIL RACE. 80 MILES SOUTH DOWNS WAY RUN«**

(Erfahrung 5)

Im Jahr 1983 fing ich mit dem Rennen an und nahm an einigen wenigen kurzen Rennen sowie an zwei Marathonläufen teil.

110 Tyrrell 1953, Apparitions.

111 Z. b. an der University of Virginia, Division of Perceptual Studies: https://med.virginia.edu/perceptual-studies/our-research/types-of-cases/

112 Vollständiger Bericht in Puhle 2019, Bd. 3, S. 338-340.

Ich entschied mich dann, bei dem »European Challenge Trail« mitzumachen, was einen neuen Ausdauer-Test bedeutete, und das sagte mir zu.
… So stellte ich mich… mit 500 anderen Läufern zum Rennen auf. Das Rennen war zeitlich auf 27 Stunden begrenzt… Die erste Hälfte des Rennens war zwar schwierig, verlief aber ohne besondere Ereignisse, und als die Dämmerung einsetzte, war es keinem anzuraten, allein vom Kurs abzukommen, und so schloss ich mich vier anderen Leuten an. Bald wurde es sehr dunkel, und dichter Nebel hüllte uns ein, so dass man seine Hand nicht mehr vor Augen sehen konnte. Wir hatten uns hoffnungslos verirrt und mussten anhalten, um uns zu orientieren. Es war in den frühen Morgenstunden, und ich war sehr müde. Ich setzte mich auf einen Baumstamm, der vor Jahren einmal umgefallen sein musste, und dort hatte ich meine Vision: Ich sah meinen Vater an meiner Seite sitzen. Er sagte mir, ich sollte aufstehen und ermunterte mich zum Weiterlaufen. Die Erscheinung war ganz klar und jagte mir keine Angst ein. Mein Vater sah alt aus und genau so, wie ich ihn in Erinnerung hatte, kurz bevor er starb. Einige Wochen, bevor er damals, im August 1977, verstarb, hatten wir beide einen Spaziergang in den Epping forest unternommen und uns dort an einem See auf einem Baumstamm niedergelassen… Kann das eine kurze Meldung aus meinem Unterbewusstsein gewesen sein?
Nach der Vision stand ich auf und schlug den anderen vor, laut zu rufen und zu versuchen, die Aufmerksamkeit von anderen Läufern zu erregen, die auf ihrem Weg waren. Gesagt, getan, und so fanden wir schließlich unseren Weg wieder.
Ich schaffte meinen Lauf in 26 Stunden und 52 Minuten, 8 Minuten unter der Zeitgrenze.

Annekatrin Puhle 2019)[113]

113 Vollständiger Bericht a. a. O., Band 3, S. 338-340.

## 8. Todesboten (death messengers)

Tief im Unbewussten mag in manchen Fällen ein vorzeitiges Wissen um unseren eigenen Tod schlummern. Vorzeichen wie die Erscheinungen eines Lichtwesens oder Engels, des gefürchteten Todesengels, sind bis heute gang und gäbe. In meiner Studie über 800 Erfahrungen mit einem ungewöhnlich hell strahlenden Licht, das nicht-physischer Natur ist, nimmt das Phänomen einen festen Platz ein, und viele Beispiele bekam ich aus erster Hand.[114]

Es ist ein weltweit verbreitetes und historisch verankertes Phänomen, dass ein bevorstehender Tod auch von Verstorbenen ankündigt werden kann – die Toten holen die Lebenden ab, weiß der Volksmund. Dies kann in verschiedenen geistigen Verfassungen geschehen wie auch in Träumen. Dieses Phänomen bildet kein eigenständiges Forschungsgebiet und fällt unter die Rubriken Sterbebett-Visionen, Sterbebett-Koinzidenzen und noch andere.

Das nächste Beispiel hat mehrere interessante Aspekte: Zunächst geht es um die Anwesenheit eines geliebten Menschen zwei Monate nach dem Tod, weiter schließt es das Gewahrsein des nahenden Todes der Träumerin ein, und außerdem enthält es ein symbolisches Element, da sich die Träumerin und ihr Partner auf eine Reise vorbereiten. Obendrein wurde der Traum relativ schnell, nachdem die Träumerin ihn träumte, dokumentiert:

114 Puhle 2013, Light Changes. Experiences in the Presence of Transforming Light.

## WIR SIND AUF EINE REISE GEGANGEN

(Erfahrung 6)

Vor einigen Nächten hatte ich einen Traum von Dan, der mir in mehrfacher Hinsicht geholfen hat. Ich lag vollständig angezogen im Bett, mit meinem Rucksack auf dem Rücken und meinen Wanderschuhen an, fertig, um auf eine Wandertour zu gehen. In dieser Zeit benutzte ich meinen Rucksack als Unterlage wie ein zweites Kissen. Dann sah ich hinunter auf das Fußende des Bettes: Da war ein leichter Nebel, und ich war überrascht, Dan dort im Nebel stehen und auf mich warten zu sehen. Auch er war für eine Wandertour gekleidet. Er begrüßte mich, und wir gingen zusammen auf eine Reise.

(Louis LaGrand 1998)[115]

## ZWEI VERSTORBENE ALS TODESVORBOTEN

(Erfahrung 7)

Ich hatte England Anfang Februar 2002 verlassen, um für ein Kupfer-Projekt im nördlichen Chile zu arbeiten, und mich von meiner engsten Familie verabschiedet, einschließlich meiner 89-jährigen Mutter, die bei angemessener Gesundheit war. Etwa drei Wochen später erwachte ich an einem Freitag um Mitternacht (5 Uhr morgens nach britischer Zeit) von einem ungewöhnlichen Traum, der mich als einen stillen und ungesehenen Zeugen involvierte: Ich sah ein Ereignis, bei dem meine Großmutter und ihr Sohn (die Mutter meiner Mutter und der Bruder meiner Mutter, beide verstorben) in schwarzer Kleidung in ein Haus gingen und behaupteten, dass »sie gekommen wären, um den Körper anzusehen«. Das weckte mich auf, und ich dachte dann, meine Mutter sei gestorben.

Am nächsten Morgen rief ich früh gegen 7 Uhr vom Büro aus zu

115 LaGrand 1998, After Death Communication. Final Farewells. Extraordinary Experiences of Those Mourning the Death of Loved Ones, S. 153-154.

Hause an, ohne jemanden zu erreichen. Es war ein paar Stunden später, als mich meine Frau anrief, um mir zu sagen, dass meine Mutter, die wenige Tage vorher ins Krankenhaus gekommen war, an diesem Morgen verstorben sei. Sie war an jenem Morgen gegen 7.30 Uhr (2.30 morgens chilenischer Zeit) gestorben, also etwa zweieinhalb Stunden nach meinem Traum.

(Peter & Elizabeth Fenwick 2008. S. 70-71)[116]

## 9. Terminale Luzidität (terminal lucidity)

Ein erstaunliches Phänomen kurz vor dem Tod ist die sogenannte Terminale Luzidität, eine plötzliche Klarheit zum Ende des Lebens hin, die von den Sterbenden nach schwerem Gedächtnisverlust oder einem Koma erlebt wird. Bettlägerige Patienten, wie in diesem Fall demenzkranke Personen, erholen sich überraschend für kurze Zeit von ihren Symptomen und können wieder sprechen. Diese Patienten drücken sich sehr klar aus mit ihren Worten. Der deutsche Biologe und Forscher im Bereich paranormaler Phänomene, Dr. Michael Nahm, untersuchte einige Fällen von terminaler Luzidität bei Menschen mit intensiven psychischen Krankheiten und organischen Hirnschäden, die auf einmal kurz vor ihrem Tod Geistesklarheit erlangten.[117] Nahm unterschied dabei drei Arten terminaler Luzidität, einschließlich einer spirituellen Komponente: Die erste Gruppe lässt sich durch Visionen von Landschaften charakterisieren, mit Erscheinungen von Wesen oder Wesenheiten oder mit Eindrücken, die die Betreffenden in eine sehr positive Stimmung versetzen, begleitet von einer erstaunlichen

116 Fenwick & Fenwick 2008, The Art of Dying. A Journey to Elsewhere. S. 70-71.
117 Michael Nahm 2012, Wenn die Dunkelheit ein Ende findet. Terminale Geistesklarheit und andere Phänomene in Todesnähe. S. 12.

geistigen Wachheit. Die zweite Gruppe betrifft Visionen von verstorbenen Verwandten oder Freunden, die am Bett erscheinen und die Sterbenden »abholen« – dies sind die sogenannten Sterbebett-Visionen (Kap. 12). Die dritte Gruppe bezieht sich auf Koma-Patienten, die die Erfahrung machen, im Traum mit anderen zu kommunizieren, dann plötzlich wieder Bewusstsein erlangen, von ihren Träumen berichten und kurz darauf versterben.[118]

Eine Erfahrung am Ende des Lebens aus Michael Nahms Sammlung weist uns darauf hin, wie wichtig sowohl die Gegenwart verstorbener Personen als auch die Bedeutung von Träumen in den letzten Momenten des Lebens sind. Unser inzwischen verstorbener Kollege und Freund Guy Playfair hatte Michael Nahm dieses Beispiel zur Veröffentlichung gegeben. Es erzählt von einer Nachbarin und guten Bekannten von Guy Playfair. Die Dame litt an schwerem Gedächtnisverlust:

### DREI TASSEN TEE

(Erfahrung 8)
Sie erkannte alsbald weder Freunde noch Angehörige und benötigte eine Vollzeitbetreuung. Nachdem die Frau seit mehr als einem Jahr niemanden aus ihrem vergangenen Leben mehr erkannt hatte, auch nicht die Familienangehörigen, die mit ihr im gleichen Haus lebten, klingelte sie eines Tages nach ihrer Pflegerin und bestellte in überraschend klarer Manier drei Tassen Tee. Verwundert hakte diese nach, ob sie dies ernst meine. Doch tatsächlich: Die Dame behauptete, ihr Bruder und ihre Schwester seien »aus dem Untergrund« zu ihr gekommen und würden gerne eine Tasse Tee mit ihr trinken. Beide waren seit Langem

118 A. a. O., S. 67.

gestorben und für die Pflegerin nicht sichtbar. Am nächsten Tag starb die Frau.

(Michael Nahm 2012)[119]

## 10. Lebensende-Erfahrungen (End-of-Life Experiences, ELE)

Dieses Forschungsgebiet deckt gleich mehrere Gruppen von Erfahrungen ab, die um die Todeszeit herum geschehen: Ein bemerkenswertes Phänomen am Ende des Lebens ist die Terminale Luzidität, von der wir oben sprachen (Kap. 9). Andere »nicht ungewöhnliche« Phänomene vor dem Lebensende sind die Sterbebett-Visionen und Sterbebett-Koinzidenzen, von denen wir später sprechen werden.[120]

Ein Beispiel für eine Lebensende-Erfahrung gibt uns der Philosoph und Arzt Dr. Raymond Moody, von dem Michael Nahm berichtet. Die Erfahrung handelt von einem Alzheimer-Patienten, Mr. Sykes. Als dieser das letzte Stadium seiner Erkrankung erreicht hatte, konnte er niemanden mehr wiedererkennen und auch nicht mehr deutlich sprechen. Zwei Monate sollte es noch dauern, bis er den Kontakt mit der Realität gänzlich verloren hatte, als seine physischen Symptome auf das nahende Ende hindeuteten:

119 A. a. O., S. 70.

120 P. Fenwick & S. Brayne 2011, End-of-life Experiences: Reaching Out for Compassion, Communication, and Connection-Meaning of Deathbed Visions and Coincidences. S. 17; siehe unten Kap. 12.

### HUGH SOLLTE EIGENTLICH NOCH LEBEN

(Erfahrung 9)

Eines Tages veränderte sich sein Verhalten jedoch in sehr bemerkenswerter Weise. Herr Sykes setzte sich in seinem Bett auf und begann so klar und deutlich zu sprechen, als ob er es nie verlernt hätte. Er sprach allerdings nicht zu den anwesenden Pflegern, sondern sah mit leuchtenden Augen nach oben zu einer für alle anderen unsichtbaren Gestalt, die er als seinen Bruder Hugh bezeichnete. Es schien, als ob er wie in einem Café mit Hugh plauderte, und er lachte sogar ab und zu. Die Pfleger nahmen an, er spräche zu einem Verstorbenen, doch die Frau von Herrn Sykes klärte sie später darüber auf, dass Hugh durchaus am Leben sei. Sie hatte noch am Tag zuvor mit ihm gesprochen, um ihm mitzuteilen, dass sein Bruder bald sterben würde. Zur Überraschung aller stellte sich jedoch heraus, dass Hugh etwa zu der Zeit, als Herr Sykes sich in seinem Bett aufgesetzt hatte, plötzlich an einem Herzinfarkt gestorben war. Noch am gleichen Tag verstarb auch Herr Sykes.

(Raymond Moody 2010, S. 15-16, übersetzt von Nahm 2012, S. 71-72)[121]

## 11. Temporäre Todeserfahrungen (temporary death experiences)

In ihrem Buch über die Kunst des Sterbens[122] unterscheiden Peter und Elizabeth Fenwick zwischen Sterbebett-Visionen und einem speziellen Typ von Nahtod-Erfahrungen, den sie Temporäre Todeserfahrungen

121 Raymond Moody 2010, Glimpses of Eternity, S. 15-16, deutsch von Nahm 2012, S. 71-72.

122 Fenwick & Fenwick 2008. The Art of Dying.

(TTE) nennen.[123] Im Unterschied zu den üblichen NTE sterben in diesem Fall die Patienten kurz darauf, nachdem sie in einer kurzen Erholungsphase gerade noch von ihren Erfahrungen erzählen konnten. Solche Fälle kommen bei einem Herzinfarkt vor, wobei sich die Patienten in exakt dem gleichen Stadium der Bewusstlosigkeit befinden und dem gleichen Wiederbelebungsverfahren ausgesetzt waren, während jedoch in anderen NTE Unklarheit darüber besteht, ob die Patienten überhaupt bewusstlos waren.[124] Die Anzeichen für einen Herzinfarkt sind die gleichen wie für einen klinischen Tod: kein Herzschlag, keinerlei Hirnstammreflexe und Atemstillstand.[125] Im Gegensatz zu den eher episodenhaften Sterbebett-Visionen sind die Berichte von TTE eher narrativ und lassen die Patienten eine mehr vollkommene Geschichte mit einem Anfang, Mittelteil und einem Ende durchleben. Typisch für alle drei Arten von Erfahrungen ist es, dass die Patienten einem oder mehreren Verstorbenen begegnen, sei es an der Seite ihres Bettes oder auf ihrer Reise.

Während einer Außerkörperlichen Erfahrung traf ein Patient seinen verstorbenen Vater und außerdem seine ebenfalls verstorbene Schwiegermutter, die er in seinem Leben niemals getroffen hatte und nur anhand der Fotos, die seine Frau besaß, erkannte. Der Mann konnte nicht verstehen, warum er sie sah, und ging gar nicht ins Detail, was diesen Teil seiner Erfahrung betraf.

### VIELLEICHT WAR ES JESUS

(Erfahrung 10)
Alles, woran ich mich erinnern kann, ist, dass ich in die Luft guckte und in einem leuchtend pinkfarbenen Raum schwebte. Ich konnte

123 A. a. O., S. 44.
124 A. a. O., S. 204.
125 A. a. O., S. 206.

gar nichts sehen. Ich stieg einfach nur auf, und da war überhaupt kein Schmerz zu spüren. Ich schaute ein zweites Mal hinauf und konnte meinen Vater und meine Schwiegermutter an der Seite eines Gentlemans mit langem schwarzen Haar, das gekämmt werden müsste, sehen. Ich sah meinen Vater – eindeutig – und diesen Typen. Ich weiß nicht, wer das war, vielleicht Jesus, aber dieser Mann hatte langes ungepflegtes Haar, das hätte gekämmt werden müssen. Das einzig Nette an ihm waren seine Augen, die eine Anziehungskraft hatten; die Augen waren stechend; es waren seine Augen. Als ich auf meinen Vater zuging, zogen mich auch seine Augen zu ihm hin, als ob ich sie beide zur gleichen Zeit sehen konnte. Und ich hatte überhaupt keine Schmerzen. Es gab ein Gespräch zwischen mir und meinem Vater, keine Worte, aber einen Austausch in anderer Weise – fragen Sie mich nicht, wie das ging, aber wir haben uns tatsächlich miteinander unterhalten. Ich sprach zu meinem Vater... nicht mit Worten durch den Mund, sondern durch meinen Geist.

Es schien vier oder fünf Sekunden zu dauern! Es war ungewöhnlich; Ich ging hinauf... es war so schmerzlos; da war keinerlei Schmerz... ich war so glücklich... ich habe mich selbst genossen... ich ging immer noch hinauf, und schließlich sagte der Gentleman zu meinem Vater und meiner Schwiegermutter: »Er muss umkehren, er ist noch nicht bereit.« Ich war friedvoll, kein Schmerz, immer noch nach oben schauend, und ich fühlte diesen... konnte diesen Typen hören, wie er meinem Vater sagte: »Sorry, er ist noch nicht so weit; er muss zurückgehen.«

(Penny Sartori; Paul Badham & Peter Fenwick 2006)[126]

---

126 Sartori; Badham & P. Fenwick 2006, A Prospectively Studied Near-Death Experience with Corroborated Out-of-Body Perceptions and Unexplained Healing, S. 73-74.

## 12. Sterbebett-Phänomene

Um das Ende des Lebens kreisen vielfältige paranormale Phänomene, und sie treten so häufig auf, dass sie als normal bezeichnet werden dürfen. Jetzt werden die inneren »Sinne« wach und Erfahrungen von den Sterbenden, aber auch von deren Nächsten gemacht, die sich längst nicht immer als Fantasie abtun lassen. Ich stelle Ihnen hier die bekanntesten Phänomene vor, die von der Wissenschaft immer mehr anerkannt werden, wobei der Begriff Sterbebett insofern unzureichend ist, da es nicht nur Menschen betrifft, die in den letzten Tagen, Wochen und mitunter auch Monaten vor ihrem Tod das Bett hüten mussten. Aber im Krankenhaus oder Hospiz können ihre Erfahrungen unter wissenschaftlichen Bedingungen beobachtet, dokumentiert und verifiziert werden, während die unzähligen Berichte von spontanen Erfahrungen im häuslichen Rahmen, außerhalb von Hospitalen, schwieriger zu erfassen und zu verifizieren sind. Dadurch geht sicher der größte Teil an Daten verloren.

### Sterbebett-Visionen (deathbed apparitions)

Wenn wir uns nun gut dokumentierten Fällen visueller Erscheinungen von Verstorbenen am Sterbebett zuwenden, möge darauf hingewiesen sein, dass es sich um ein Phänomen mit einer sehr langen und variationsreichen interkulturellen Geschichte handelt: um den Totengeleiter. Ursprünglich waren es wohl Götter oder göttliche Wesen, die von den Sterbenden als Helfer auf ihrem großen Übergang in eine neue Seinssphäre erfahren wurden. In der griechisch-römischen Antike erfüllte der Gott Hermes bzw. Merkur die wichtige Aufgabe, die Seelen der Verstorbenen sicher in die neue Welt zu geleiten. Weiter erzählen die Mythen von dem Fährmann Charon, der die Seelen über den Fluss

Acheron in die Unterwelt fährt. Auch in den deutschen Volkssagen lebte die Vorstellung eines Fährmannes, der die Totenseelen über einen Fluss in das Jenseits schifft, noch lange weiter.[127] Im christlichen Kontext hat der Todesengel die Funktion des Seelengeleiters übernommen, wobei Engel auch als Lichtwesen erscheinen können und dadurch mit anderen Kulturen eine Gemeinsamkeit aufweisen. Dass auch bereits in die Anderwelt hinübergegangene Verwandte die Sterbenden abholen, wird längst als ernst zu nehmendes Phänomen von der Forschung akzeptiert.

Ähnlich real wie Nahtod-Erfahrungen und Temporäre Todeserfahrungen sind Sterbebett-Visionen, die von einem sterbenden Menschen gesehen werden. Wenn Patienten bettlägerig sind, kann es leicht passieren, dass sie in einen traumähnlichen Zustand hinübergleiten, in dem der Unterschied zwischen Traum und Vision verschwimmt. Die Bezeichnung für eine solche Erfahrung, ob es als Traum, als Vision oder sonst etwas eingestuft wird, hängt von dem Konzept ab, in dem die Betroffenen normalerweise denken. Es kommt vor, dass sie es im Nachhinein umbenennen: Was ursprünglich eine Begegnung im Wachen genannt wurde, könnte später als Traum bezeichnet werden, falls es so besser in ihr vertrautes Denkschema passt. Tatsache aber ist, dass in vielen Fällen beobachtet wurde, wie die Sterbenden gestikulieren und zu jemandem oder irgendetwas, das für andere in der Nähe unsichtbar bleibt, hinaufschauen. Die Sterbenden verhalten sich so, als wäre die Erscheinung real, zum Beispiel strecken sie ihre Arme zu einer unsichtbaren Person aus, meistens in die Luft, als ob sie jemanden umarmten, oder sie rufen einen bestimmten Namen, grüßen eine Person, die außer ihnen niemand sehen kann. Es gibt aber auch Fälle von Erscheinungen, an denen die Angehörigen oder Freunde teilhaben (siehe unten »Gemeinsame Sterbebett-Visionen«).

127 Siehe Puhle 2010, Zwerge. Begegnungen und Erlebnisse mit dem Kleinen Volk.

Kontakte mit visuellen Eindrücken von Verstorbenen sind etwas völlig Normales im Sterbeprozess. Sie finden meistens kurz vor dem Sterben statt und werden seit mindestens einem Jahrhundert erforscht.[128] Sie können mitunter auch länger vor dem großen Übergang auftreten, Monate vorher zum Beispiel. Meine Mutter hatte ihr Sprachvermögen nach einem schweren Schlaganfall für fast sechs Monate bis zum Ende ihres Lebens verloren. Nur zweimal in dieser Zeit sagte sie kurz etwas, das sie emotional offensichtlich stark bewegte. In dem für unseren Zusammenhang relevanten Fall, der sich etwa drei Monate vor ihrem Tod beim Mittagessen zutrug, sagte sie plötzlich aus heiterem Himmel, ihre Schwester warte auf sie, sie solle nach Hause kommen, und dabei schaute sie hoch in die Luft. Als ich sie fragte, wo denn meine Tante sei, zeigte sie mit dem Finger eben dorthin in die Luft: »Na da!« Ich konnte sie nicht sehen. Danach sprach meine Mutter nie mehr ein Wort. Ich habe viele Beispiele für alle Arten von Sterbebett-Visionen aus meinem unmittelbaren Kreis der Familie sowie von Freunden und Bekannten gehört.

Eine Hospiz-Krankenschwester berichtete der schon mehrfach erwähnten walisischen Forscherin Penny Sartori eine typische Sterbebett-Vision:

### SIE KONNTE IHRE VERSTORBENEN BRÜDER SEHEN

(Erfahrung 11)

... Während einer Nachtschicht kümmerte ich mich um eine Dame auf dem ›Betreuungsweg am Lebensende‹ (end-of-life care pathway). Sie war bewusstlos und soweit komfortabel in diesem Moment... und ihre Familie blieb die ganze Zeit bei ihr... Ich sprach

128 William Barrett 1926, Deathbed Visions; Karlis Osis & Erlendur Haraldsson 1977/1997, At the Hour of Death; Kelly 2001, Near-Death Experiences with Reports of Meeting Deceased People.

in einer Nachtschicht mit ihrem Schwiegersohn, der mir erzählte, dass die Patientin eine Woche vorher auf einen Punkt an der Zimmerdecke gestarrt und gesagt hätte, sie könne ihren Bruder und ihren Ehemann, beide verstorben, sehen, wie sie in einem Pub säßen, ihre Gläser hochhöben und sie zu sich riefen. Sie hätte ihnen gesagt, sie sei noch nicht bereit. Etwa zur selben Zeit rief sie außerdem einen Namen und schaute über die Vorhänge bei der Tür. Der Schwiegersohn versicherte ihr, dass er es wäre, denn es war sein Name, den sie rief. Die Patientin erzählte ihm, es wäre ihr Bruder (der denselben Namen trug), dessen Namen sie rief. Sie sagte, ihr Bruder stände bei den Vorhängen.

(Penny Sartori 2014)[129]

## Gemeinsame Sterbebettvisionen (shared deathbed experiences)

Im Unterschied zu Sterbenden, die Visionen von abgeschiedenen Familienmitgliedern oder Freunden haben, können umgekehrt auch Lebende, die den Sterbenden nahestehen, sich aber gerade anderswo aufhalten, eine Erscheinung von der sterbenden Person haben. Das kann sogar der Fall sein, wenn die Betroffenen keinerlei Wissen davon haben, dass der- oder diejenige gerade im Sterben liegt oder stirbt. Es ist eine typische Erfahrung, dass Angehörige, Freunde oder Bekannte diese Person im Traum sehen oder von deren Erscheinung aufgeweckt werden, und zwar nicht selten genau zur Todeszeit. Die Verwandten und Freunde sehen die sterbende Person in einem lebhaften Traum, oder sie berichten, von ihr aufgeweckt worden zu sein und sie direkt vor sich im Schlafzimmer gesehen zu haben. Wir könnten dieses Phänomen noch differenzierter als *Anteilnehmende Sterbebett-Visionen* bezeichnen. Diese Erfahrungen sind keine Seltenheit. Zwei frühe Bei-

129 Sartori 2014, The Wisdom of Near-Death Experiences, S. 87.

spiele dieser Art bietet Eleanor Sidgwick in ihrem Werk *Phantasms of the Living*.[130] Im Jahr 1899 lancierte der französische Astronom Camille Flammarion einen Aufruf in einem Journal, Berichte von Erscheinungen zur Zeit eines Todesfalles einzusenden. Unter den 1824 Zuschriften fanden sich insgesamt 1130 Fälle visueller Erscheinungen zur Todeszeit eines nahestehenden Menschen.[131]

Ein anderer Typus von *Gemeinsamen Sterbebett-Erfahrungen* betrifft Fälle, in denen beide, die Sterbenden und die ihnen nahestehenden Lebenden – Angehörige, Freunde, Bekannte oder Krankenhauspersonal – die gleiche Vision haben oder die ihnen Nahestehenden zumindest etwas sehen, das sich auf die Vision der sterbenden Person bezieht.

## EINE MUTTER KOMMT IHRE TOCHTER ABHOLEN

(Erfahrung 12)

Meine Tante, die mich mit großgezogen hat, lag mit einer zerebralen Gehirnblutung im Sterben. Wir alle verbrachten die letzten fünf Tage und Nächte mit ihr. Die Kerzen flackerten, und sie lag im Koma. Ich ging hinaus, um eine Tasse Tee zu holen, und mein Mann blieb bei ihr im Zimmer, wobei er einen Rosenkranz an ihrem Bett betete.

Auf einmal rannte er die Treppen hinunter, an uns vorbei und sah ganz bleich und sichtbar aufgeregt aus. Als wir ihn endlich zum Reden bringen konnten, sagte er, dass meine Tante, während er betete, aus dem Koma aufzuwachen schien und anfing, mit ihren Armen in der Luft herumzufuchteln, weit geöffnet, als ob sie versuchte, jemanden zu erreichen, und dabei rief »Mutti, oh Mutti«. Mein Mann spürte eine Brise, und plötzlich stand eine kleine Frau

130 Sidgwick 1975, Perspectives in Psychical Research, hrsg. von Bob Morris, part 1, S. 195-231. Die Originalfassung von Sidgwick's Phantasms of the Living (1918) war eine Kurzfassung der zweibändigen Ausgabe (1886) selben Titels von Gurney, Myers & Podmore.

131 Flammarion 1908, Rätsel des Seelenlebens, S. 67-68.

neben ihm, kleiner als fünf Fuß (1,52 m), mit einem karierten Schal über dem Kopf, ihre Hände ringend, und mein Mann sah Tränen über ihr Gesicht laufen. Obwohl er nichts von der Frau hörte, vernahm er das Rauschen ihres Kleides. Sie war in Schwarz gekleidet. Er sagte, er hätte fest gebetet, dass er die Kraft aufbrächte, das Zimmer zu verlassen. Sobald er es schaffte, eilte er hinaus und die Treppen hinunter.

Er beschrieb die Erfahrung Verwandten in unserem Haus, und eine andere Tante meinte: ›Gut, das war ihre Mutter. Sie ist seit 1910 tot.‹ Als wir wieder hinaufgingen, war meine Mutter mit einem friedlichen Lächeln im Gesicht gestorben.

(Sally Rhine Feather 2005)[132]

### Sterbebett-Koinzidenzen (deathbed coincidences)

Beim Sterbeprozess kommen oft Koinzidenzen zwischen den Erfahrungen der Sterbenden und deren Angehörigen oder Freunden vor, die von den Betroffenen als tröstlich empfunden werden. Laut Peter und Elizabeth Fenwick finden diese Koinzidenzen in Träumen statt oder noch detaillierter und lebhafter an den Schwellen zwischen Schlafen und Wachen.[133] Zu den Erfahrungen gehört physischer Kontakt wie Umarmen und Knuddeln. Häufig fällt die Todeszeit mit einer starken Erfahrung vonseiten der Nächsten zusammen, und das in unterschiedlicher Geistesverfassung: Im Wachzustand, beim plötzlichen Aufwachen, beim Dösen, im Schlaf oder Traum.[134]

Mit Sterbebett-Koinzidenzen wie mit Sterbebett-Visionen stellt sich die Frage nach der exakten Zeit, denn nur in seltenen Fällen stimmen

132 Rhine Feather (mit M. Schmicker) 2005, The Gift. The Extraordinary Paranormal Experiences of Ordinary People, S. 266-267.
133 Fenwick & Fenwick 2008, The Art of Dying, S. 94.
134 A. a. O., S. 95.

die beobachtete Zeit und die auf der Todesurkunde ausgestellte Zeit überein. Wie dem auch sei, die Definition des Todeszeitpunktes hat sich im Laufe der Jahrhunderte geändert und ist kulturell gebunden. Der Hirntod, so wie er heute aus medizinischer Sicht akzeptiert wird, ist eine relativ junge Definition von Tod. Hirnströme können nicht in ihrer vollen Komplexität gemessen werden, und nur ein kleiner Teil wird auf dem Monitor erfasst. Aus diesem Grund herrscht Unsicherheit darüber, was der tatsächliche Zeitpunkt des Todes ist. Wie dürfen wir es dann verstehen, dass Sterbebett-Visionen von nahestehenden Menschen in derselben Minute geteilt werden? Eine Antwort wäre, dass die medizinische Festlegung des Zeitpunktes von ihnen durch ASW aufgenommen wird, etwa hellseherisch von der Todesurkunde oder telepathisch vom Krankenhauspersonal oder direkt von der sterbenden Person, die um die medizinische Festlegung weiß.

### DIE STIMME VON WILLIAM EDWARDS RUFT MICH MIT ERNSTEM TON

(Erfahrung 13)

Im Jahr 1874, als ich für das College las, besuchte ich häufig einen Mann namens William Edwards (aus Llanrhidian in der Nähe von Swansea), der zu jener Zeit schwer krank war; er genoss oft meine Dienste und profitierte von ihnen. Er erholte sich allmählich so weit, dass er wieder arbeiten konnte. Ich verließ die Gegend, und inmitten einer neuen Umgebung und harter Arbeit kann ich nicht behaupten, dass ich jemals an ihn dachte. Ich war etwa zwölf Monate auf dem College, als ich eines Nachts oder besser gesagt früh am Morgen zwischen Mitternacht und 3 Uhr morgens den lebhaftesten Traum hatte. Ich schien die Stimme des besagten William Edwards zu hören, die mich mit ernstem Ton rief. In meinem Traum schien ich zu ihm zu gehen und ihn ganz deutlich zu sehen. Ich betete mit ihm und sah ihn sterben. Als ich aufwachte, kam mir der

Traum ausgesprochen real vor, so real, dass ich die Zeit beachtete: 3 Uhr morgens. Ich konnte es nicht vergessen und erzählte es ein paar Studienfreunden im Detail. Am nächsten Tag erhielt ich einen Brief von meiner Mutter mit diesem PS: ›Die Glocken läuten; ich fürchte, der arme William Edwards ist tot.‹ Bei meiner Nachforschung fand ich heraus, dass er zwischen Mitternacht und 3 Uhr gestorben war und dass er häufig den Wunsch geäußert hatte, dass ich bei ihm wäre. Ich hatte keine Ahnung, dass er krank war.

(Edmund Gurney; Frederic Myers & Frank Podmore 1886)[135]

## MARGARET CATHERINES VORBEREITENDER BESUCH

(Erfahrung 14)

Vor fünfzehn Jahren wurde ich eines Nachts um 2 Uhr früh durch einen heftigen Stoß in den Rücken aufgeweckt. Das weckte mich ganz plötzlich auf, aber ich hatte keine Angst und wusste einfach, dass meine verstorbene Schwiegermutter an meiner Bettseite stand. Ich wusste genau, wer es war, obwohl ich überhaupt nichts sehen konnte. Ich schlief wieder ein und hatte den lebhaftesten Traum, in dem mein 22-jähriger Sohn zu mir sprach. Er erzählte mir, dass er tot wäre, aber dass ich mir keine Sorgen machen oder mich aufregen sollte, weil es ihm gut ginge... Als ich aufwachte, war ich völlig durcheinander und versuchte, meinen Sohn zu erreichen. Ich fand später am Tag heraus, dass er in der vergangenen Nacht ertrunken war. Ich bin überzeugt davon, dass er mich kontaktiert hat, wie es seine Großmutter tat, die ihn inniglich liebte. Sein Besuch bei mir hat mir im Laufe der Jahre großen Trost gespendet... Ich kann Ihnen versichern, dass ich nicht leicht aus dem Gleichgewicht gerate und eine sehr bodenständige Dame bin, aber ich weiß, dass meine Erfahrungen echt sind, und ich habe mit vielen Menschen, die

135 Gurney, Myers & Podmore 1886, Phantasms of the living, Bd. 1, S. 346.

einen lieben Menschen verloren und ähnliche Erfahrungen gemacht haben, darüber gesprochen.

(Peter & Elizabeth Fenwick 2008)[136]

Margaret Catherines Erfahrung enthält einen so interessanten wie typischen Aspekt: Ihr Sohn sagt nämlich nicht, wie es häufig von Sterbenden berichtet wird, ›Ich verlasse Dich jetzt‹, sondern vielmehr ›Ich bin tot‹. In diesem Fall ist die Frage, ob der Erscheinende während seiner Erscheinung noch lebt oder bereits gestorben ist, überflüssig.

## 13. Trauer

### Erfahrungen während der Trauer (bereavement)

Es heißt, »Träume sind ein Weg, mit dem Tod ins Reine zu kommen«.[137] Ja, Träume von Verstorbenen spielen eine sehr wichtige Rolle nach dem Verlust eines geliebten Menschen, indem sie die Verstorbenen im Traumbewusstsein völlig realistisch auftreten lassen, die Trauenden eine kurze Weile beglücken, ihnen Trost spenden und somit helfen, mit ihrem Leben weiterzumachen. Wie bedeutend diese Funktion von Träumen in der Trauerzeit ist, kann nicht hoch genug geschätzt werden. Träume von Verstorbenen haben allerdings nicht nur Trauernde, Witwen und Witwer oder die ältere Bevölkerung, sondern alle.

Richard Kalish und David Reynolds (1979) führten 434 Interviews über Nachtod-Kontakte in Süd-Kalifornien mit Menschen von unterschiedlichem kulturellen Hintergrund durch: Über 50% der weiblichen Befragten und rund ein Drittel der männlichen Teilnehmer bestätigten, dass sie solche Kontakte erlebt hätten. Die meisten

136 Fenwick & Fenwick 2008, S. 69-70.

137 A. a. O., S. 125.

dieser Kontakte fanden im Traum statt, und zwar in sehr lebhaften Träumen.[138]

Deirdre Barretts Analyse von 1412 Träumen von 149 Studenten, die an vier Experimenten teilgenommen haben, legt vier Kategorien von Aktivitäten in Träumen von Verstorbenen nahe: [139]

- Zurück-im-Leben-Träume – sie diskutieren ihren Tod (39%), kurz nach dem Tod; intensiv angenehme wie intensiv unangenehme Träume;
- Träume vom Abschied-nehmen – sie bieten die Gelegenheit, ›tschüss‹ zu sagen, helfen die Trauer zu bewältigen (29%); häufig luzide (11%);
- Extrem positive Träume – sie sind Rat gebende Träume (23%), kommen lange nach dem Tod vor und sind gewöhnlich angenehme Träume;
- Träume vom Zustand des Todes – sie handeln vom Sein nach dem Tod (18%), einige sind symbolisch; höchste Rate an Luzidität (13%), beliebige Zeit nach dem Tod.

Eine beträchtliche Zahl von Verstorbenen kommuniziert im Traum auch über das Telefon: in 53% der Träume vom Zustand des Todes, in den anderen Kategorien 24%.[140]

Nach dem Verlust ihres Partners durch einen Bergsteiger-Unfall bekam Katie die Chance, sich von ihm in einem Traum zu verabschieden:

---

138 Scott Rogo 1986, Life After Death. The Case for Survival of Bodily Death, S. 82.
139 Barrett 1991-1992, Through a Glass Darkly. Images of the Dead in Dreams. S. 100-105.
140 A. a. O., S. 104. Siehe auch den Vortrag von David Saunders & Callum Cooper 2015, Speaking to the dead in dreams: Imagination, ESP, or more?

## EINE SCHÖNE ART, AUF WIEDERSEHEN ZU SAGEN

(Erfahrung 15)

Den lebhaftesten Traum [von einem Besuch[141]] hatte ich ein paar Nächte nach seinem Tod. Es geschah in den Bergen, an einer Stelle, die er liebte. Im Traum wusste er, dass er tot war, auch ich wusste, dass er tot war. Es war für ihn eine Möglichkeit, mit mir zu sprechen. Er wollte unbedingt sicherstellen, dass ich okay wäre, und mir versichern, dass auch er okay sein werde. Er ließ mich wissen, dass sein Tod schnell kam und er nicht gelitten habe... Obwohl er es nicht sagte, wusste ich, dass ich ihn nicht wiedersehen würde. Das war traurig, aber ich wusste, er war auf spirituelle Weise bei mir, und wir würden nach meinem Tod wiedervereint sein. Wir sprachen nicht viel, aber ich fühlte seine Liebe. Wir sahen uns an, und er nahm meine Hand. Ich konnte es fast spüren. Dann wussten wir beide irgendwie, dass es Zeit für ihn war, zu gehen. Er schenkte mir ein zärtliches Lächeln, das mein Herz schmelzen ließ. Es war traurig und gleichzeitig wunderbar. Dann verschwand ich einfach in der Dunkelheit des Schlafes. Der Traum schenkte uns Zeit miteinander. Es war eine schöne Art, sich zu verabschieden.

(Edie Devers 1997)[142]

Edie Devers weist darauf hin, welche machtvolle Rolle solche Träume im Trauerprozess spielen.

---

141 Visitationstraum, siehe Kap. 18.

142 Devers 1997, Goodbye Again: Experiences with Departed Loved Ones, zitiert nach Cooper, Roe & Mitchell 2015, Anomalous experiences and the bereavement process.

### Witwenerfahrungen (widow experiences)

Eine Studie von Dewi Rees mit 227 Witwen und 66 Witwern aus Mittel-Wales untersuchte deren Erfahrungen mit ihren verstorbenen geliebten Partnern bzw. Partnerinnen.[143] Fast die Hälfte von ihnen hatte Erscheinungen, die Rees Halluzinationen oder Illusionen nannte, und diese Erscheinungen waren während der ersten zehn Jahre nach dem Tod ganz gewöhnlich. Die Erfahrungen waren umso häufiger, je länger die Ehe dauerte, und sie wurden mit einer glücklichen Ehe assoziiert. Rees schloss daraus, dass diese Erfahrungen ein normaler und förderlicher Aspekt in der Trauerzeit waren.

In einer Studie von Luann Daggett mit 18 Personen aus zehn amerikanischen Staaten, jeweils aus der Mittelklasse, die alle ihren Partner oder ihre Partnerin verloren hatten, kam heraus, dass 15 der Interviewten ungewöhnliche Träume hatten oder Begebenheiten erlebten, die sie als Kommunikation mit ihren geliebten Partnern bzw. Partnerinnen verstanden.[144] Daggett kam zu dem Schluss, »dass das Phänomen kontinuierlicher Begegnungen oder Nachtod-Kommunikationen ein gewöhnlicher, wenn nicht wohlbekannter Aspekt der Trauererfahrung ist«.[145] Die Feststellung, dass diese Phänomene, besonders wenn sie sich verifizieren lassen, zusammen mit der bedeutenden Rolle von Träumen bei Nachtod-Kommunikationen die trauernden Menschen unterstützt. Gleichzeitig kann uns diese Tatsache ein tieferes Verständnis für die Unendlichkeit des Bewusstseins vermitteln.

In der schon mehrfach erwähnten isländischen Studie von 449 Fällen kam heraus, dass die normalerweise kurzen, oft nur Sekunden anhaltenden Begegnungen mit Verstorbenen gerade bei Witwen und

143 Rees 1971, The Hallucinations of Widowhood.

144 Daggett 2005, Continues Encounters: The Experience of After-Death Communication.

145 A. a. O., S.206.

Witwern länger dauern können und sich mitunter über Wochen hinziehen.[146] Mir selbst berichtete im Jahr 1996 eine 85-jährige Witwe aus Weimar, die im Zweiten Weltkrieg ihren Mann verloren hatte und danach mit ihrer Schwester, der das gleiche Schicksal widerfuhr, in Mainz zusammenlebte, dass ihre Schwester vor sechs Jahren verstorben sei und sie seitdem durchgehend ihre Schwester sah. Das geschah öfters auf der Straße oder in der Küche, und sie konnte sich mit ihr auch lange unterhalten. Die Dame war meines Erachtens nach geistig vollkommen klar. Ein anderes Beispiel bekam ich von einem älteren, ebenfalls geistig topfitten Herrn aus dem Städtchen Lysekil an der schwedischen Westküste, der damals Leiter eines Heimatmuseums war. Für ihn gehörte es zur Tagesordnung, verstorbene Personen überall, etwa auf der Straße, zu treffen. Die Häufigkeit von Witwen-Erfahrungen spricht für sich.

Sechs Monate nach Keishas tödlichem Autounfall hatte ihr Ehemann Charlie, ein 44jähriger Afro-Amerikaner, Bachelor of Arts, einen Traum, in dem er sich von seiner Frau verabschieden konnte (Namen geändert).

### EIN GUTER ORT, UM SICH ZU VERABSCHIEDEN

(Erfahrung 16)

Ich war auf dem College Campus und registrierte mich für die Schule. Sie trug einen langen braunen Mantel, den sie... vor allem in Michigan tragen würde, wenn es so kalt war... er war aus Wolle. Und ich sah sie aus der Entfernung kommen... sie kam auf mich zu, und ich erinnere mich, dass ich mich zu ihr wandte, und sie lächelte, und ich lächelte, und wir umarmten uns, und das war es auch schon im Traum. Die ganze Zeit, in der wir verheiratet waren,

146 Haraldsson 2012, S. 119.

arbeitete ich in der Schule für mein Examen, und so oft... musste sie die Hauptlast tragen, und es war so, dass das (die Schule) ein guter Platz war, Adieu zu sagen.

(Luann Daggett 2005)[147]

## 14. Erscheinungen / Visionen / Halluzinationen (apparitions, ghosts)

Allzu oft stiftet die Erscheinung eines Verstorbenen Verwirrung über die geistige Verfassung der Empfänger, also der Personen, die einem Menschen begegnen, der eigentlich nicht da sein dürfte. Es hängt ganz von dem Wissenstand, Verständnis oder der Interpretation der Wahrnehmenden ab, wie diese Erfahrung einzustufen und zu benennen ist. Erfahrungen mit Erscheinungen von Verstorbenen, die im Traum geschehen, werden Traum-Erscheinungen (*apparition dreams*) genannt.[148] Es ist normal, dass die Träumenden durch das Ereignis aufwachen, doch ob sie die Begegnung mit offenen oder geschlossenen Augen wahrgenommen haben und schon richtig wach dabei waren oder noch im Halbschlaf, führt zu einiger Verwirrung über den Bewusstseinszustand. Erscheinungen von nicht anwesenden Personen kommen in verschiedenen Situationen vor, in Krisensituationen (Kap. 7) oder Sterbebett-Visionen (Kap. 12), und werden unter noch etlichen anderen Begriffen von der Forschung erfasst. Erscheinungen können sich sowohl auf Tote als auch auf Lebende beziehen. Im Englischen heißen die Erscheinungen von Toten *ghosts*[149], Geister, was im Deutschen allerlei abenteuerliche Assoziationen weckt, die dem Ernst des Phänomens nicht gerecht werden.

147 A. a. O., S. 199.
148 Alex Tanous & Timothy Gray 1990, Dreams, Symbols & Psychic Power.
149 Ronald Finucane 1982, Appearances of the Dead. A Cultural History of Ghosts.

Meine früheren Studien über Erscheinungen von Verstorbenen in den vergangenen Jahrhunderten zurück bis zum Beginn des Buchdruckes im deutsch- und englischsprachigen Raum ergaben, dass diese Erfahrungen häufig in schlafbezogenen Zuständen vorkommen.[150] Sie bestätigen, was heute generell von PSI-Erfahrungen bekannt ist, die ebenfalls überwiegend im Traum und schlafbezogenen Bewusstsein gemacht werden. Meine Untersuchung wiederkehrender Muster in historischen Berichten aus Großbritannien und Irland führte zur Unterscheidung von zehn Kategorien typischer Geister-Erscheinungen.[151] Einige Geister erschienen eindeutig in Träumen, in anderen Fällen war es wegen der Unklarheit und Verwirrung der Perzipienten im Moment des Geschehens schwierig zu bestimmen, in welchem Bewusstseinszustand sie den Geist sahen, ob bcim Träumen, Einschlafen oder Aufwachen, im Klartraum oder in einer Visionen im Wachzustand. Bemerkenswerte Träume von Verstorbenen hinterlassen wie alle Erfahrungen, die in den Kapiteln 4 bis 19 beschrieben werden, natürlich einen starken Eindruck im Gedächtnis. Sie können durchaus das Weltbild der Betroffenen von Grund auf ändern und deren Leben komplett umkrempeln. Die zehn Kategorien von Geister-Erscheinungen gelten potenziell für alle Arten von Begegnungen mit Verstorbenen, in welcher Verfassung und Situation sie auch gemacht werden, inklusive Träume von Verstorbenen:[152]

1. Testament-Fälle
2. Gerechtigkeitsfälle
3. Geld-Fälle
4. Geister-Warnungen
5. Aufklärung von Verbrechen

150 Puhle 2004; 2006; 2009; 2019; Puhle & Parker-Reed 2017.

151 Puhle 2009, Kap. IV.2, S. 85-185; Puhle & Parker-Reed 2017, Kap. 5, S. 88-169.

152 Fallbeispiele für alle Kategorien in Puhle 2009, Kap. IV.2. Zum Testament-Fall Chaffin und zum Fall Egleton siehe unten Kap. 20.

6. Sorgende Geister
7. Heilende Geister
8. Geister, die die Lebenden abholen
9. Geister-Prophezeiungen
10. Erfüllung eiens Versprechens

Krisen-Erscheinungen (Kap. 7) beziehen sich auf Fälle, bei denen die Rezipienten eine schwierige Zeit durchleben und eine Stressphase durchlaufen, die sie herausfordert und bis an ihre Grenzen führt. Diese Erscheinungen können bei aller Art von Krisen vorkommen, etwa während Überarbeitung oder eines Burn-outs, im Zusammenhang mit einer Trennung, einem Unfall, schweren Verlust, Unfall, Schock, in tiefer Verzweiflung, bei einer Todesdiagnose, bei Selbstmordgedanken oder einem Suizidversuch. In solchen extremen Momenten oder Wendepunkten des Lebens tritt nicht selten ein hilfreicher Geist in Erscheinung, sei es ein Lichtwesen, eine unbekannte Gestalt oder auch eine liebe, vertraute verstorbene Person.

Erlendur Haraldssons[153] isländische Studie von 337 Begegnungen mit den Toten differenzierte die Bedingungen, unter denen sie stattfanden: Die meisten Berichterstatter waren dabei physisch aktiv (40%), andere ruhten (22%), wieder andere waren beim Einschlafen (7%), etliche waren wach (16%), und alles in allem fanden 28% der Begegnungen kurz vor dem Einschlafen oder beim Aufwachen statt, wobei »viele von ihnen recht beeindruckend« waren, wie Haraldsson bemerkt.[154]

Ein schwedischer Akademiker, nennen wir ihn Herrn Dr. Gustavsson, verbrachte den Sommer 1984 mit seiner Familie in einem Sommer-

153 Haraldsson wurde außerdem durch seine Forschungen über Kinder, die von früheren Leben sprechen, bekannt.

154 Haraldsson 2009, Alleged Encounters with The Dead: The Importance of Violent Death in 337 New Cases. S. 101.

haus auf einer Schäre, einer der schwedischen Westküste vorgelagerten Insel. Eines Nachts geschah etwas Seltsames:

### EINE ERSCHEINUNG UM MITTERNACHT

(Erfahrung 17)

Es war wenige Tage vor dem 2. Juni, der Geburt Peters, seines zweiten Kindes. Spannung lag in der Luft. Seine Frau und er waren bereits zu Bett gegangen, es war fast Mitternacht. Sie schlief schon, während er noch etwas las. Da stand plötzlich ein Mann auf dem Balkon, der vom Schlafzimmer ausging, das sich im zweiten Stock befand. Die Balkontür war verschlossen, doch der Mann schien dies zu ignorieren und kam ohne weiteres durch die Tür in den Raum hineingeschritten, mehr schwebend als gehend. Er blickte Dr. Gustavsson direkt in die Augen, für einen Augenblick, der etwa acht bis zehn Sekunden dauerte. Dann zog er in schwebender Manier am Bett vorbei, aus dem Zimmer hinaus und die Treppe hinunter. Der Mann war mittleren Alters, 40 bis 45, wirkte nicht transparent, nur ein wenig grau, war alles andere als ein farbenfreudiger Anblick. Seine Kleidung war etwas altmodisch, vielleicht aus den späten Sechzigerjahren. Das Gesicht des Mannes war recht klar zu erkennen, ein bisschen bleich und mit einem Hauch von Vorwurf überschattet, als ob er etwas nicht so Nettes sagen wollte, etwa: »Was willst du denn hier?« Das ganze Schauspiel dauerte ungefähr ein bis zwei Minuten. Herr Gustavsson, der alles mit offenen Augen angesehen hatte, war vollständig überzeugt davon, dass es nur ein Traum gewesen sein könnte, eine Art hypnagogisches Bild, das einem vor dem Einschlafen erscheint. Doch dann sprang er schnell aus dem Bett und lief dem Mann hinterher: Aber da war nichts mehr, nicht die geringste Spur von einem Mann! Dieser Mann hatte etwas von seinem Vater, es war aber nicht sein Vater. Als Kind hatte Herr

Gustavsson ganz eisern den Wunsch gehegt, sein Vater sollte eines Tages doch noch zu ihnen zurückkommen.
Ein paar Wochen später erzählte Dr. Gustavsson sein Erlebnis einem Kollegen, der damals auf der betreffenden Insel seinen festen Wohnsitz hatte. Dieser Kollege wusste zu berichten, dass in besagtem Sommerhaus in den Siebzigerjahren ein Selbstmord geschehen war, und zwar hatte sich ein Mann in der Garage durch die ausströmenden Gase eines laufenden Motors vergiftet. Als Herr Gustavsson in dem Sommerhaus, in dem sich noch die alten Möbel befanden, später dann eine Kiste mit Fotos aus den Vierziger- und Fünfzigerjahren entdeckte, fand er darin auch ein Bild seines nächtlichen Besuchers. Der Fall war für ihn nun ganz eindeutig: Der Mann auf dem Foto war derselbe, der durch die verschlossene Tür hereingekommen war, nur sah die Erscheinung wesentlich jünger aus als der Mann auf der Fotografie.

(Persönliches Interview mit Herrn Gustavsson (Pseudonym), Puhle 2019)[155]

## 15. Nachtod-Kommunikation (after-death-communcation)

Der Begriff *after-death-communication* (*ADC*) wurde von Bill und Judy Guggenheim in ihrem Bestseller *Hello from Heaven*[156] geprägt und von vielen anderen aufgegriffen[157]. Ähnlich meint die Bezeich-

155 Zuerst veröffentlicht in Puhle 2019, Bd. 3, Kap. VIII.13, S. 213-414, s. a. S. 212.
156 1996
157 Devers 1997, Goodbye Again: Experiences with Departed Loved Ones; LaGrand 1997, After Death Communication. Final Farewells; James Houck 2005, The Universal Multiple, and Exclusive Experiences of After-Death-Communication.

nung Nachtod-Kontakte allgemein Begegnungen mit Verstorbenen, die in vielerlei Weise stattfinden können.[158] Eine kürzlich durchgeführte *ADC*-Studie über gut 1000 Fälle zeigt, wie verbreitet sie heute sind.[159] Die darin analysierten Begegnungen fanden vorwiegend in Träumen statt, und zwar in 618 Fällen (62%), entweder beim Einschlafen oder Aufwachen.[160] Von ihnen erhielten 59,9% eine Botschaft, 20,5% waren sich nicht sicher und 19,6% bekamen keine Nachricht.[161]

Die Bezeichnung *ADC* deckt alle Arten von Kommunikation und Kontakten mit Verstorbenen ab. *ADCs* können in allen Bewusstseinszuständen vorkommen, im Wachen wie im veränderten Bewusstsein. Sie treten in unterschiedlichen Umständen um den Tod herum auf: Vor dem Sterben, während des Sterbens, in der Trauerzeit und Jahre bis Jahrzehnte nach dem Tod. Träume, in denen Kontakte mit Verstorbenen erlebt werden, bilden einen wesentlichen Teil der *ADCs*. Sie können, wie alle Großträume, in verschiedenen Situationen auftreten, und ihnen wird eine höhere Realität als dem Gros der Träume zugeschrieben. Physiologisch gesehen, sind es nach wie vor Träume, auch wenn sie mitunter als noch realer als real empfunden werden. Träume von Verstorbenen finden sich in vielen spezialisierten Fachgebieten, wie Sie es in diesem Buch sehen können (Kap. 4-19), und es ist wichtig, dies zu wissen, um diese Träume ernst zu nehmen.

Die 43-jährige Hausfrau aus Saskatchewan, Meridith, bekam Besuch von ihrem Freund Vic, sieben Jahre nach dessen Tod. Es war ein sehr spezieller Besuch, genau in der Nacht, nachdem sie die Treppe heruntergefallen war und eine Knochenfissur erlitten hatte, was bedeutete,

158 Evelyn Elsaesser 2020, Nachtodkontakte. Spontane Begegnungen mit Verstorbenen.
159 Elsaesser, Roe, Cooper & Lorimer 2020 (a und b).
160 A. a. O., (a), S. 21.
161 A. a. O., S. 20.

dass sie vom Krankenhaus mit Krücken nach Hause entlassen wurde und sechs bis acht Wochen lange ihre Füße nicht belasten sollte.

### EIN HEILENDER TRAUM-BESUCHER

(Erfahrung 18)

In der folgenden Nacht ging ich zu Bett und hatte einen merkwürdigen Traum. Ich befand mich in einer Umgebung, die sehr friedlich war. Ich schaute auf, und da war Vic? Sein Ausdruck erschien mir sehr fürsorglich und sehr verständnisvoll – eine Art von stiller Zuneigung. Vic sagte: »Ich will einen Blick auf deinen Fuß werfen.« Ich erwiderte: »Gut, ich glaube nicht, dass du da etwas tun kannst. Du bist kein Arzt.« Er meinte: »Strecke einfach deinen Fuß aus und gib mir deinen Fuß.«

Er nahm meinen Fuß und drehte ihn hin und her, und ich hörte etwas klicken. Das war alles. Aber da war kein Schmerz. Dann sagte Vic: »Wenn du aufstehst, solltest du in der Lage sein, auf ihm zu laufen. Sei aber vorsichtig, denn er muss heilen.«

Ich wachte sofort auf und musste ins Badezimmer gehen. Ohne zu denken, stand ich aus Versehen auf, stand auf meinen Füßen und realisierte: »Es tut gar nicht weh!« Zu meiner Überraschung fühlten sich meine Füße gut an – und ich konnte laufen! Also sagte ich: »Danke, Vic!«

Ich verstehe es so: Gott schickt uns Menschen, für die wir gesorgt haben und die uns aushelfen. (Bill & Judy Guggenheim 1996)[162]

162 Guggenheim & Guggenheim 1996, Hello from Heaven, S. 321.

## 16. Hypnagogia: Erfahrungen beim Einschlafen

Träume von Verstorbenen oder eine beliebige andere Art der Nachtod-Kommunikation oder Nachtod-Kontakte (NTK) treten in schlafbezogenen Stadien auf, mitten im Schlaf sowie vor und nach dem Schlaf in den hypnagogen und hypnopompen Zuständen. Der Terminus *Hypnagogia* wurde von Louis Ferdinand Alfred Maury (1848) geprägt und leitet sich aus dem Altgriechischen *hypnós* und *agogé* ab, was ›Entführung in den Schlaf‹ meint. Hypnagogia sind traumähnliche Eindrücke während der Einschlafphase, wohingegen sein Pendent Hypnopompia auf Bilder hinweist, die uns am Ende des Schlafes während der Aufwachphase erscheinen. Andreas Mavromatis unterscheidet vier Stufen von Hypnagogia[163]: Die erste Stufe ist die Erfahrung von Licht und Farben, dann werden Gesichter oder Naturszenen gesehen, gefolgt von symbolischen Phänomenen, und die letzte Stufe nennt er hypnagoge Träume. Laut Mavromatis repräsentieren Traumberichte, die eine vollständige Erzählung beinhalten, diesen letzten hypnagogen Bewusstseinszustand. Hypnagogia können mit allen Sinnen erfahren werden. Sie sollten von Tagträumen unterschieden werden, in denen die Träumenden immer noch eine begrenzte Kontrolle über ihre Erfahrungen behalten.

In der nur etwa 30 bis 40 Sekunden dauernden hypnagogen Phase kurz vor dem Einschlafen werden uns bei geschlossenen Augen lebhafte Bilder oder auch Klänge und Worte präsentiert. Die Bilder wirken oft surreal, ähnlich wie die Bilder der zweiten großen Phase des Surrealismus in den 1930er Jahren, z. B. von Roberto Matta. Sie können auch wunderschöne Mandalas darstellen. Die Traumforsche-

163 Mavromatis 1987, Hypnagogia.

rin Dr. Fariba Bogzaran[164], deren Leben in ihrer Kindheit durch einen Traum ihrer Mutter gerettet wurde, geht davon aus, dass diese inneren hypnagogen Bilder den äußeren materiellen Bildern der surrealistischen Maler entsprechen, auch wenn diejenigen, die sie persönlich kennenlernte, selbst keine guten Träumer waren oder keine Klarträume hatten. Besonders interessant in ihren Augen sind Malereien, in denen es um das Erkennen spiritueller Wirklichkeit geht, wie um das Wahrnehmen eines strahlenden inneren Lichtes in unserem innersten Kern.

Die Psychoanalytikerin Ania Teillard[165], Autorin und zugleich Medium, gibt ein Traum-Beispiel aus ihrem persönlichen Leben, aus der Nacht nach dem Besuch ihres Bruders, dessen Schwiegervater soeben verstorben war. Ihr Bruder wollte nicht, dass seine Frau zur Beerdigung ihres Vaters und der Testamentseröffnung kam, denn es ging ihr seiner Ansicht nach nicht gut genug. Obwohl das Erbe einen kostbaren Ring betraf, wurde es nicht als wichtig betrachtet. Die Autorin berichtet ihre hypnagoge Erfahrung:

### ANIA TEILLARDS HYPNAGOGE ERSCHEINUNG

(Erfahrung 19)

Ich war kurz davor einzuschlafen, als ich bemerkte, dass jemand in meinem Zimmer war. Da stand ein Mann am Fuße meines Bettes. Er war groß, leicht gebeugt, sein Gesicht ziemlich rot und aufgebläht, und er ruhte sich auf einem Gehstock aus. Er trug einen braunen weichen Gehrock, warm und bequem, und eine Art hohe Stiefel, die einen seltsamen Geruch von Öl ausstrahlten… Dann

164 Die Künstlerin und Klarträumerin Fariba Bogzaran war Professorin an der John F. Kennedy University in Berkeley und begründete das Dream Studies Program.

165 Ania Teillard (1889-1978).

erkannte ich aufgrund der Familienähnlichkeit, dass es der Vater meiner Schwägerin war... Dann verschwand mein Besucher. Ich erkannte an seiner Haltung und an einer leichten Geste, die er machte, dass er mir etwas über den Ring mitteilen wollte und ich ihn ohne Absicht verschreckt hatte.

(Ania Teillard 1994)[166]

Am folgenden Tag erfuhr Ania Teillard von ihrer Schwägerin, dass ihr Vater sich einen speziellen Gehrock in dieser Farbe bestellt hatte und außerdem solche Stiefel trug, die er mit besonderem Öl behandelte. Die Schwägerin bestätigte auch, dass das rote und aufgeblähte Gesicht ihres Vaters auf eine Herzkrankheit zurückging, die ihn kürzlich befallen hatte.

## 17. Hynopompia: Erfahrungen beim Aufwachen

Hypnopompia – vom Altgriechischen *hypnós* und *pompé*, ›Heimführung aus dem Schlaf‹ – treten gegen Ende des Schlafes auf und gehören zum Prozess des Aufwachens. Hypnopompia entführen die Schafenden und Träumenden buchstäblich aus ihrer Welt und bringen sie zurück »nach Hause«, in den Wachzustand des Geistes. Wie Hypnagogia scheint auch die Phase der Hypnopompia empfänglich zu sein für Informationen, die die Zeit-Raum-Grenzen überspringen und eine Verbindung mit sterbenden und verstorbenen Personen erlauben. Beide Phasen sind Tore für das Bewusstsein zwischen den Welten von Schlafen und Wachen.

166 Teillard 1994, Die unbekannte Dimension, S. 70-72.

## GEWECKT VON MEINER VERSTORBENEN MUTTER

(Erfahrung 20)

Meinem Mann Thierry wurde kürzlich eine seltene und tödliche Krebsart diagnostiziert. Ich wohnte in einem [Hotel] ungefähr zwei Stunden von zu Hause, da ich zwei Monate zuvor einen neuen Job angenommen hatte und wir noch keine Wohnung gefunden hatten. Eines frühen Morgens an einem Wochentag wurde ich von etwas aufgeweckt, was sich anfühlte, als wenn jemand auf meiner Bettkante säße. (Meine Mutter pflegte mich jeden Tag zu wecken, als ich noch zur Schule ging, und sie saß dabei auf der Bettkante.) Ich fühlte oder hörte sie sagen: »Das wird richtig schwer werden.« Dies geschah Ende 2011, und meine Mutter war im April 1994 verstorben. Irgendwie wusste ich, sie meinte Thierrys Kampf mit dem Krebs. Als ich diese Botschaft erhielt, hatte ich Angst, meine Augen aufzumachen. Ich habe befürchtet, dass wirklich jemand auf meinem Bett säße und es nicht meine Mutter wäre. Als ich endlich meine Augen öffnete, war niemand da. Sie hatte Recht. Thierrys Kampf mit dem Krebs war entsetzlich, und ihn nur ein Jahr später zu verlieren, war noch viel schlimmer.

(Elsaesser; Roe; Cooper & Lorimer 2020 (a))[167]

Es lässt sich nicht klar unterscheiden, ob das plötzliche Gefühl der Gegenwart (*feeling of a presence, FOP*) ihrer Mutter, die 17½ Jahre vorher verstorben war, die Ursache für das Aufwachen gewesen ist oder ob der hypnopompe Bewusstseinszustand sie für diese Erfahrung geöffnet hat. Wahrscheinlich greifen beide Komponenten ineinander und bilden gemeinsam den Grund.

167 Elsaesser, Roe, Cooper & Lorimer 2020 (a), S. 21.

Marianne Rankin[168] berichtet in ihrem aufschlussreichen sowie inspirierenden Buch über religiöse und spirituelle Erfahrungen[169] einen Traum von einer Verstorbenen, der mit einer wichtigen Handlung koinzidiert, die in 8000 Meilen Entfernung ausgeführt wurde:

### AUFGEWECKT VON EINER VERSTORBENEN DURCH EINE KOINZIDENZ

(Erfahrung 21)
Singapore, März 1985:
Einige Wochen nach dem Tod meiner Mutter im Januar 1985 in England hatte ich einen starken Traum, in dem sie kam, mich zu sehen, elegant und (untypisch) in einem Tweedkostüm und eindeutig bereit, eine Reise anzutreten. Ich habe keine Erinnerung an irgendeine Konversation, die zwischen uns stattfand, aber ich habe eine bleibende Erinnerung daran, tatsächlich mit ihr zusammen gewesen zu sein.
Ich wurde von dem alarmierenden Lärm unserer drei normalerweise zahmen Hunde von dieser Erfahrung aufgeweckt, als sie draußen vor unserem Schlafzimmerfenster wie wild jaulten und bellten. Ich stand aus dem Bett auf, zusammen mit meiner Frau, und wir gingen nach draußen, um zu sehen, was da los war, und es schien mir, als hörte ich Gesang und die Stimme meiner Mutter. Das Haus und der Garten waren in ein brillantes Vollmondlicht gehüllt, während die Hunde mit ihrem Gekläffe weitermachten. Ich beruhigte sie, und da es keinen anderen Grund zu geben schien, ging ich zurück ins Bett. Es war 4 Uhr morgens.

---

168 Dr. Marianne Rankin ist Director of Communications for the Alister Hardy Trust, d. h. vom Religious Experience and Research Centre (RERC) an der University of Wales in Lampeter.

169 Rankin 2009, An Introduction to Religious and Spiritual Experience.

Am folgenden Abend rief ich meinen Vater an, um zu sehen, wie es ihm ging (das war seit unserem Verlust zur Gewohnheit geworden). Er erzählte mir, dass er in der vorigen Nacht die melancholische Aufgabe unternommen hatte, die Asche meiner Mutter in seinem Garten zu verstreuen, womit er einen Pakt zwischen ihnen beiden einhielt, von dem niemand etwas wusste, dass dies in einer Vollmondnacht geschehen sollte.
Da ich die acht Stunden Zeitverschiebung zwischen England und Singapore im Kopf hatte, fragte ich ihn: »War das gegen 8 Uhr abends?« Und er antwortete: »Ja, warum fragst du?«
Ich erzählte ihm dann, was in unserem Haus und Garten genau zu dieser Zeit geschehen war, in 8000 Meilen Entfernung.

(Marianne Rankin 2009)[170]

## 18. Träume

Träume hatten immer schon einen hohen Stellenwert weltweit, was menschliche Weisheit und tiefe Einblicke in die Psyche, wichtige Entscheidungen und Wegweisungen, Erfindungen und Kreativität auf allen Gebieten betrifft.

Der Modus des Träumens ist der ideale Bewusstseinszustand für Kontakte mit geliebten Verstorbenen. Während das rationale Denken ausgeblendet ist, können unsere anderen Vermögen, wie etwa ASW, zum Einsatz kommen und uns mit Informationen versorgen, zu denen das logisch-kausale Denken keinen Zugang hat. Wie echt diese Traum-Begegnungen mit Verstorbenen sind, ist für die meisten Träumer*innen keine Frage. Viele sind echt, sehr echt, egal in

170 A. a. O., S. 166.

welchem Lebenszusammenhang sie vorkommen, ob während einer Trauerphase oder in anderen Situationen. Träume erweisen sich als Top-Ratgeber und Coaches in schwierigen Lebenslagen und sind sehr hilfreich.[171] Die Traumforschung hat es bestätigt: Es gibt Träume, die sich nicht als Fantasie oder Wunschdenken der Träumenden von der Hand weisen lassen. Wir werden die vielfältigen Möglichkeiten dieser besonderen Träume aufzeigen und einige gut dokumentierte und verifizierte Beispiele geben. Allerdings erfordert es Geduld und Übung, die Botschaft der eigenen Träume zu verstehen, wobei nicht zu vergessen ist: Es sind einzig und allein *Ihre* Träume, und was sie *für Sie* bedeuten, kann Ihnen niemand verraten, nur Hinweise können Ihnen andere geben, seien sie Experten oder nicht. Das Ja-Wort, was ein Traum aussagt und bedeutet, bleibt Ihnen allein vorbehalten.

### Visitationsträume (visitation dreams)

Träume von einer verstorbenen Person können von sehr unterschiedlicher Qualität sein. Eine hohe Zahl dieser Träume hat symbolische Bedeutung, die potenziell verifizierbare Informationen bezüglich der Verstorbenen in sich tragen können, doch die aufgrund ihrer symbolischen Natur schwerer zu entziffern sind. Eine weitere signifikante Zahl von Träumen von den Toten betrifft das psychologische Verhältnis zwischen der geträumten und der träumenden Person. Viele dieser Träume weisen in verschlüsselter Weise auf die Rolle der Verstorbenen im früheren oder gegenwärtigen Leben der träumenden Person hin, was für das psychische Wohlbefinden und die Entwicklung der Träumenden zur Zeit des Traumes wichtig ist. Selbstverständlich gibt es Träume von Verstorbenen, die nicht leicht enträtselt werden können, doch in diesen Fällen ist es möglich, mit den Erinnerungsfragmenten des Traumes kreativ zu

171 Siehe LaGrand 1998, Kap. 2 und 11.

arbeiten, etwa mithilfe von Assoziationen und spontanen kreativen Ergänzungen den Traum zu einer vollständigen Geschichte abzurunden[172], um einen Eindruck oder ein tieferes Verständnis seiner Bedeutung zu gewinnen.

Die Art von Träumen, die für unser Thema untersucht wurden, hinterlässt einen starken Eindruck bei den Träumenden und überzeugt die meisten davon, dass sie eine echte Begegnung mit einer verstorbenen Person erlebt haben. Die Qualität und der Inhalt dieser Träume werden von den Betroffenen als wahre Begegnungen beschrieben und oft sogar als noch realer empfunden, als es in dem üblichen Gefühl von Realität der Fall ist.

Der gleiche Effekt ist von Klarträumen von Verstorbenen bekannt sowie von Sterbebett-Visionen und Reinkarnationsträumen[173]. In allen Fällen sind die Empfänger von der Realität ihrer Erfahrungen überzeugt, und wenn es im Traum geschah, betonen einige, dass diese Träume ganz anders als gewöhnliche Träume waren.[174] In unserem Buch ist ausschließlich von diesen besonderen Träumen die Rede.

Visitationsträume sind aus vielen Kulturen bekannt, wie Stanley Krippner und Laura Faith in einer achtjährigen Studie von 1666 Träumen herausfanden. Daraus ergaben sich für die Länder folgende Werte (%)[175]:

| | | |
|---|---|---|
| Argentinien: | 1,8 (weiblich) | 1,0 (männlich) |
| Brasilien: | 1,5 (weiblich) | 1,0 (männlich) |
| Japan | 2,3 (weiblich) | 0 (männlich) |
| Russland | 2,9 (weiblich) | 0 (männlich) |
| Ukraine | 1,9 (weiblich) | 1,0 (männlich) |
| USA | 1.3 (weiblich) | 0 (männlich) |

172 Siehe zu dieser Technik Puhle 2018, Das große Buch vom Träumen, S. 139-141.
173 Siehe Kap. 19.
174 Elsaesser, Roe, Cooper & Lorimer 2020 (a); Puhle & Parker 2017; Fenwick & Fenwick 1999, Past Lives. An Investigation into Reincarnation Memories.
175 Krippner & Faith 2001, Exotic Dreams. A Cross-Cultural Study.

Viele Träume von Verstorbenen werden also in sehr verschiedenen Ländern und Kulturkreisen als wirkliche Begegnungen erfahren. Das Gefühl der Echtheit kann zu Konsequenzen führen, die der Traum impliziert. Eine Teilnehmerin an Deirdre Barretts Experimenten berichtete von einem Traum, der für sie keinerlei Zweifel ließ, dass die Traumerfahrung real war:

### MARYS BESTER TRAUM: EIN TRAUM VOM ABSCHIEDNEHMEN

(Erfahrung 22)

Ich hatte einen Traum von meiner Großmutter, der wahrscheinlich der beste Traum war, den ich jemals hatte. Im Traum war ich klein, etwa fünf oder sechs Jahre alt, und ich war im Badezimmer im Haus meiner Großmutter. Sie badete mich in dieser Badewanne mit klauenartigen Füßen... Ich wusste, dass ich träumte... Nach dem Bad hob sie mich heraus... Als das getan war, sagte sie, sie müsste nun gehen; das hörte sich an, als wenn sie meinte, in den Himmel zu gehen. Ich sagte: »Auf Wiedersehen, Oma. Ich liebe Dich.« Sie sagte: »Ich liebe Dich auch, Mary.« Ich wachte auf und fühlte mich wunderbar. Sie war in den letzten Monaten ihres Lebens im Delirium, so hatte ich niemals die Gelegenheit, ihr auf Wiedersehen zu sagen.

(Barrett 1991-1992)[176]

Das nächste Traumbeispiel demonstriert, wie viele Aspekte ein einziger Traum enthalten kann: (1) Es ist ein Klartraum, (2) der eine Information über den emotionalen Zustand der träumenden Person beinhaltet, (3) der wie ein Ankündigungstraum (Kap. 19) klingt und (4) der einen Telefonanruf enthält. Zudem wird klar (5), wie real der Traum für die träumende Person ist und (6) was für einen starken Eindruck er auf die Gefühle der Träumerin hinterlässt:

176 D. Barrett 1991-1992, Through a Glass Darkly. Images of the Dead in Dreams, S. 104.

### ICH WERDE EIN MÄDCHEN SEIN

(Erfahrung 23)

Ich hatte einen Klartraum, dass das Telefon klingelte, und es war meine (verstorbene) Mutter. Ich wusste, dass es ein Traum war, aber ich dachte, es war wirklich sie, und dass sie mich im Traumzustand kontaktieren konnte. Ich fürchtete mich, mit ihr zu sprechen, aber ich wollte das nicht zeigen und ihre Gefühle verletzen, und so gab ich mich fröhlich und führte eine banale Konversation. Ich sagte. »Hi, wie geht es dir?« Sie sagte: »Ich bin schwanger.« Ich dachte, sie müsse verrückt geworden sein und glauben, sie sei am Leben und wieder jung, doch um sie zu amüsieren, fragte ich sie: »Wirst du einen Jungen oder ein Mädchen haben?« Sie sagte: »Ich werde ein Mädchen sein.« Ich fühlte mich mehr und mehr unwohl und sagte: »Ich muss jetzt gehen; ich melde mich später«, und legte auf. Sobald ich aufwachte, klang der Traum wie eine Reinkarnationsbehauptung, aber während des Traumes klang es einfach nur verrückt und irgendwie bedrohlich.

(Deirdre Barrett 1991-1992)[177]

Ein weiteres Beispiel zeigt deutlich, dass die Träumerin die Botschaft der im Traum erscheinenden Person ernst nimmt und ihre Reisepläne ändert:

### DU WIRST TOT SEIN, WENN DU NACH KALIFORNIEN FÄHRST

(Erfahrung 24)

Im Traum erzählte die Großmutter, die vor einem Jahr verstorben war, der Träumerin, sie in Kalifornien wiederzusehen, wo tatsächlich ungefähr einen Monat später ein Familientreffen stattfinden

177 A. a. O., S. 104.

sollte. Die Träumerin erinnerte daraufhin ihre Großmutter: »Aber Oma, du bist tot.« Und sie bekam zur Antwort: »Ich weiß das. Du wirst auch tot sein, wenn Du nach Kalifornien fährst.« Die Träumerin stornierte ihre Reise zum Familientreffen, »zumindest teilweise wegen dieses Traumes«.

(Deirdre Barrett 1991-1992)[178]

## Gemeinsame Träume von Verstorbenen

Berichte von zwei Menschen, die von ein und derselben verstorbenen Person träumen und das auch noch in derselben Nacht, sind rar gesät. Allerdings ist es gut möglich, dass *Gemeinsame Träume* im täglichen Leben tatsächlich viel häufiger auftreten, wenn der Trauminhalt lediglich von gewöhnlichen und weniger bedeutenden Dingen handelt.[179] Das ergab eine Studie in New York.

Peter und Elizabeth Fenwick bieten in ihrem schon mehrfach zitierten Buch *The Art of Dying* ein Beispiel eines *Gemeinsamen Traumes* von einer verstorbenen Person:

### UNSER VATER WIRKTE LEBENDIG UND SAGTE, ER WOHNE BEI SEINEM ONKEL

(Erfahrung 25)

Mein Vater verstarb plötzlich im August 1988... Ich fand es sehr schwierig, mit seinem Tod fertigzuwerden, weil alles so ruckzuck passierte. Ich träumte wiederholt, dass wir ihn lebendig begruben, und nach diesen Träumen fürchtete ich mich sehr, mitten in der Nacht aufzuwachen. Das ging einige Nächte so weiter, bis ich eines Nachts einen völlig anderen Traum hatte. Mein Vater tauchte

178 A. a. O., S. 103; zusammengefasst von A. Puhle.
179 Siehe Linda Megallóns Survey in: Mutual Dreaming, 1997.

auf, sah lebendig und gesund aus und erzählte mir, dass es ihm gut gehe, dass er glücklich sei und bei seinem Onkel wohne. Seit dieser Nacht hatte ich keine schlechten Träume mehr von ihm und war in der Lage, ihn ›gehen zu lassen‹. Aber die größte Überraschung kam danach. Ich besuchte meine Schwester, die ich seit der Beerdigung meines Vaters im August nicht mehr gesehen hatte, zu Weihnachten. Sie fing an, mir von ihren schlechten Träumen vom Tod unseres Vaters zu erzählen, die aufhörten, als unser Vater ihr eines Nachts erschien und ihr sagte: ›Es gehe ihm gut und er sei glücklich und wohne bei seinem Onkel.‹ Sie erzählte mir exakt die gleichen Dinge, die mir passiert waren, und möglicherweise geschah das mit uns in derselben Nacht.

(Peter & Elizabeth Fenwick 2008)[180]

## Vermittelte Träume (mediated dreams)

Vermittelte Träume sind an eine andere Person adressiert als an die träumende Person. Diese Träume liefern typischerweise eine Botschaft an eine dritte Person.

Aus der griechisch-römischen Antike – und höchstwahrscheinlich trifft es auch auf ältere Kulturen wie Mesopotamien und Ägypten zu – ist vom heiligen Tempelschlaf bekannt, dass erfolglose Träumer, die nicht selbst einen heilsamen Traum im Tempel hatten, Unterstützung von *Stand-in-Träumern* bekamen.[181] Es gehörte zum üblichen Verfahren bei ausbleibenden Inkubationsträumen[182], dass begabte Träumer als Stand-in für die Inkubanten fungierten. Praktisch bedeutete das, dass der Tempelpriester anstelle des Patienten träumen musste, um eine göttliche Heilung für jenen zu erzielen, was in der Form eines

180 Fenwick & Fenwick 2008, S. 124-125.
181 Puhle 2020, Dream Incubation.
182 Träume in einem Tempel oder an einem heiligen Ort, später auch in Kirchen.

hilfreichen oder instruktiven Traumes oft geschah. Es bleibt offen, ob der Priester ein zuverlässig begabter Träumer war und immer Erfolg hatte und ob er seinen instruktiven Traum aus göttlicher Quelle erhielt, oder ob er vielmehr ein medizinisch erfahrener Chirurg war, der heimlich, still und leise in der Nacht eine *echte Operation* am Patienten durchführte. Wie auch immer, die Anleitungen für den Heilungsprozess könnten theoretisch dem Priester im Traum vermittelt worden sein.[183] Die Quelle der heilenden Träume wurde meistens einer Gottheit zugeschrieben, doch es konnten auch verstorbene Menschen sein, erfolgreiche, große Heiler wie Asklepios[184], die nach ihrem Ableben in einen göttlichen Nimbus gehüllt wurden.

Vermittelte Träume spielen auch im Rahmen heutiger Trauminkubation eine Rolle, wobei die Rolle des Priesters von einem Psychotherapeuten oder einem Mitglied der Traumgruppe übernommen wird.[185]

Ein modernes Beispiel für Vermittelte Träume bzw. Ersatzträume finden wir in Dianne Archangels Buch *Afterlife Encounters*.[186] Es handelt von der 16-jährigen Deanna Dubé, die in eine »Komödie von Irrtümern« verwickelt wurde, wie sie es nannte: Sie wollte ihren bewunderten Theater-Star live erleben und konnte ihn nach einer Show kurz sprechen. Danach traf sich die gesamte Crew zum Dinner, und Deanne gelang es durch einen puren Zufall, mitten unter dem Team am Tisch zu sitzen. Andrew saß allerdings alleine abseits am Rand mit Drink und Zigarette, als sich plötzlich ihre Augen trafen. In diesem Moment fühlte Deanna, dass sie ein ganzes Leben miteinander geteilt hatten. Hier ist Deannas Story, wie sie es eine Dekade später sieht (mehrere Namen geändert):

183 Puhle 2020.
184 Griechischer Gott der Heilkunst, der Überlieferung nach mal Mensch, mal Gott.
185 Siehe Henry Reeds Zugang in Puhle 2020.
186 Dianne Archangel 2005, S. 128-134.

## DER TOTE ANDREW MARKHAM BITTET UM HILFE

(Erfahrung 26)

Der britische Schauspieler Andrew Markham spielte in einer TV-Serie, die in den 1960ern ausgestrahlt wurde... Gutes Theater in Los Angeles war rar, und als Andrew seine preisgekrönte Produktion in den späten Siebzigern in die Stadt brachte, musste ich sie einfach sehen... Anschließend... gingen Susan und ich zum Restaurant gleich nebenan... Der Oberkellner (in der Annahme, wir gehörten zur Crew)... platzierte uns an dem Tisch für die Show, der für die gesamte Crew war. Andrew saß abseits am anderen Ende des Raumes, ganz alleine... er starrte in die Luft. Ich beobachtete ihn einen Moment lang, und dann trafen seine Augen auf meine. Ich war absolut betroffen von der Einsamkeit, die ich dort sah... Er fixierte mich so lange, als ob er alle meine Gedanken lesen könnte...

Ich dachte seit Jahren nicht an Andrew und... ich sah ihn niemals wieder...

Es war Mitte der 90er... Ich überflog die Seite mit den Todesanzeigen in der Los Angeles Times... und sah Andrew Markhams Gesicht mich anstarren. Mir kamen die Tränen. Ich war erstaunt über die plötzlichen und intensiven Wellen von Trauer, die ich über seinen Tod empfand...

Ich fühlte mich, als hätte ich einen lieben Freund oder ein Familienmitglied verloren. Ich konnte meine Reaktion nicht verstehen, da ich diesen Mann nur einmal getroffen hatte, und das war fast zwanzig Jahre her.

Ein Jahr später... fühlte ich (seine) Gegenwart... Ich bemerkte, dass das Licht flackerte, dass kalte und heiße Stellen in meinem Zimmer waren, und spürte eine Berührung an meiner Schulter, obwohl niemand da war...

Eines späten Abends... formte sich in der Ecke die Erscheinung eines sehr müden und sehr alten Mannes... Es war Andrew Markham...« Ich brauche deine Hilfe«, sagte er. »Du musst Jackie Sands und Emily Howe finden und ihnen sagen, dass es mir gut geht. Bitte, bitte hilf mir! Es ist unbedingt nötig, dass sie es wissen. Mir geht es gut.« Ich stimmte zu, alles zu tun, was ich konnte...

In den nächsten Wochen lernte ich in Träumen viele Dinge über Andrews Leben, die ich vorher nicht wusste, weil er eine notorische Privatperson war. Viele Klatschspalten-Journalisten versuchten, in seinem persönlichen Leben herumzustochern, fanden aber nichts... Doch es war, als ob sich mir plötzlich ein Fenster in sein Leben geöffnet hätte...

Endlich verkündete Andrews Geist, dass er gehen würde, aber er wollte, dass ich weiter nach seinen Freunden suchte und ihnen seine Botschaft überbrächte... Er fragte, ob es etwas gäbe, dass er für mich tun könne. Aus Spaß sagte ich: »Du kannst mir die alte TV-Serie auf Videotape geben! Ich würde sie gerne wieder sehen.«

In diesem Augenblick fiel ein schöner Lichtstrahl ins Zimmer. Andrew lief in ihn hinein, und dann verschwanden beide...

Zwei Monate später stieß ich im Internet auf eine Fan-Gruppe von Andrews alter Fernsehserie... mit Katie machte es besonders viel Spaß, über Andrew zu sprechen... sie schickte mir E-Mails mit erfreulichen und schockierenden Neuigkeiten... »Ich träumte, dass Andrew kam und mir erzählte, ich müsste für dich Kopien von seiner TV-Show machen und dir sagen, sie seien ein Geschenk von ihm!« Katie hatte fast alle auf Kabel wiederholten Episoden in den späten 1980ern aufgenommen, bevor die Sendungen eingestellt wurden.

Dann fingen andere Damen aus der Gruppe an zu erwähnen, dass sie plötzlich durch seltsame Synchronizitäten von Andrew kontaktiert wurden... Ich hörte ab und zu aus dem Nichts seine Stimme, die mich drängte, seine Freunde zu finden... manchmal fast belästigend.

(Dianne Archangel 2005)[187]

Deannas Story ist noch nicht zu Ende. Es gelang ihr, Kontakt mit Jackie und Emily herzustellen, die beide etliche bemerkenswerte Erfahrungen zu dem Fall beitrugen, bis sich das Mosaik aus Botschaften um den Star Andrew zusammenfügte. Es ist nicht nur Katies-Vermittelter Traum, der dieses Beispiel interessant macht, sondern auch dessen Verknüpfung mit einer Reihe weiterer außergewöhnlicher Phänomene, wie Erscheinungen, dem Phänomen des Fühlens einer Gegenwart, merkwürdigen Koinzidenzen und außerdem mit kleineren Poltergeist-Phänomenen einschließlich der Reaktionen ihrer Katze. Das Ganze geschieht obendrein in einer herausfordernden Zeit in ihrem Leben, in der sie durch die Krankheit ihrer Mutter stark in Anspruch genommen und beruflich vollständig überlastet ist.

### Träume von einer unbekannten verstorbenen, erst später erkannten Person

In besonders herausfordernden Träumen erscheint den Träumenden eine ihnen unbekannte, bedeutsame Person, die sich erst im Nachhinein als eine verstorbene entpuppt und identifizieren lässt. Typisch ist für diese Art von Träumen, dass sie an historischen Orten geträumt werden, die mit den Toten zu tun haben. Sie weisen auf eine enge Verbindung der abgeschiedenen Person zu diesem Ort, Gebäude oder Raum hin, und das kann durchaus eine schöne Verbindung sein, meistens jedoch handelt es sich um eine unschöne. Hier stecken die gleichen Gründe dahinter, die auch für Erscheinungen

187 Archangel 2005, S. 129-132.

im Wachen gelten, wie ein zu früher oder gewaltsamer Tod, Mord, Selbstmord, Unfall oder unabgeschlossene Geschäfte und Dinge (*unfinished business*).

Dieser Fall wurde aus Island berichtet und von Erlendur Haraldsson in seine Studie über Begegnungen mit den Toten aufgenommen:

### EIN UNBEKANNTES MITGLIED DER CREW

(Erfahrung 27)
Es geschah im Sommer 1966. Ich befand mich irgendwo zwischen Schlafen und Wachen, als ich hellwach wurde. Ich sah einen Mann an einem Ofen der Kabine, einen jungen Mann, der sich über ihn beugte. Er machte da irgendetwas. Ich merkte, dass dieser Mann kein Mitglied der Besatzung war. Ich war gerade dabei, das näher zu untersuchen, aber da verschwand er. Später erhielt ich die Information, dass er in der Kabine verbrannte. Er verbrannte nicht zu Tode, sondern erstickte im Rauch. Ich erinnere mich ganz deutlich, dass er einen blauen Pullover trug und einen Schal um den Hals hatte. Meine Beschreibung passt zu dem, was ich später über ihn erfuhr.

(Haraldsson 2009)[188]

## Trauminkubation (dream incubation)

Trauminkubation bedeutet, etwas nicht nur zu überschlafen, sondern gezielt und mit Vorbereitung über ein bestimmtes Thema, einen Heilungswunsch, eine Frage oder ein Problem zu träumen, um in diesem veränderten Bewusstseinsmodus die Antwort, Hilfe, Lösung und vor allem auch Heilung von einem Gott oder höheren geistigen Wesen

188 Haraldsson 2009, S. 102.

zu empfangen. Der Traumzustand dient hier als Kanal (*channel*), als Zugang zu einer höheren Weisheit und heilenden Macht. Das kann im üblichen »trüben« Traum oder im Klartraum geschehen. Während sich in der Antike die Menschen gründlich und mit viel Mühsal und Einschränkungen tagelang auf eine Trauminkubation, die in einem Tempel stattfand oder in späterer Zeit auch vereinzelt in Kirchen, gründlich vorbereiten mussten, erscheinen die aktuellen Methoden und Praktiken, um von einem Traum Hilfe und Erhellung zu erhoffen, eher simpel und profan. Heute geht es im Wesentlichen um Problemlösungen. Außerdem läuft derzeit eine große Studie speziell zu Heilungen im Traum in den US[189], die mehr dem klassischen Sinn von Trauminkubation entspricht, auch wenn die Quelle der Hilfe, die via Träume in die Träumenden strömt, nicht definiert ist. Wir planen ebenso verschiedene Projekte zur Trauminkubation, unter anderem, um im Traum auf natürliche Weise geliebten Verstorbenen zu begegnen.[190]

Die Idee, dass Verstorbene während einer Trauminkubation eine Rolle spielen und die im Tempel Schlafenden heilen oder ihnen aus ihrer Notlage helfen, ist seit der Antike belegt, und ihr Erfolg ist durch viele Inschriften verbürgt.[191] Die Identität der Heiler-Persönlichkeiten, die im Traum wirken sollen, bleibt oft unklar, auch verliert sich der Unterschied, ob es sich um einen Gott oder Menschen handelt, im Dunkeln, wie im Fall des großen antiken Heilgotts, Heilers und Arztes Asklepios.

Ein modernes Beispiel einer Trauminkubation, das Henry Reed berichtet, betrifft einen 29-jährigen Mann, der von heftiger Selbstkritik geplagt wurde, die seine berufliche Arbeit nachteilig beeinflusste. Es

189 Institute for Noetic Sciences (IONS), u.a durchgeführt von Charlie Morley.
190 Sie sind herzlich eingeladen, an den Projekten, die Adrian Parker und ich gemeinsam durchführen, teilzunehmen. Kontaktieren Sie mich am besten direkt per E-Mail.
191 Siehe Puhle 2020, Dream Incubation.

ist nicht ganz klar, ob der Vater zur Zeit des Traumes noch am Leben war oder nicht, doch es liegt nahe, dass er bereits tot war.

### EMOTIONALE UNTERSTÜTZUNG VOM VATER

(Erfahrung 28)
In diesem Inkubationstraum hatte er [der 29-jährige Mann] kathartischen Austausch mit mehreren bedeutenden Leuten aus seiner Vergangenheit, einschließlich seines Vaters, von dem er im Traum diejenige Art von positiver emotionaler Unterstützung erhielt, die, wie er behauptete, in ihrer Beziehung schmerzlich gefehlt hatte. Der Inkubant wachte weinend aus seinem Traum auf, aber erleichtert und erneuert, mit dem Gefühl eines frischen Leistungsvermögens für die Arbeit.

(Reed 1976)[192]

Weitere Beispiele habe ich an anderer Stelle gegeben.[193]

## Klarträume: Aktiv, gezielt und bewusst träumen (lucid dreams)

Das wohl merkwürdigste und zugleich wunderbarste Vermögen, das in uns allen schlummert und aktiviert werden kann, dürften Klarträume sein, die auch als hellwache oder luzide Träume bekannt sind. »Klar« heißen sie, weil wir mitten im Traum uns darüber klar werden, dass wir gerade träumen. Das klingt auf den ersten Blick widersprüchlich, und auch in physiologischer Hinsicht ist es ein Paradox, da unser Gehirn dabei sowohl typische Wellen für einen meditationsartigen Bewusstseinszustand zeigt (Gamma-Wellen) als auch für ein aktives, waches Denken (Beta-Wellen). Irreführend mag

192 Henry Reed 1976, Dream Incubation: A Reconstruction of a Ritual in Contemporary Form.
193 Puhle 2020.

der Ausdruck »Luzider Traum« im ersten Moment klingen, doch ihm haftet nichts Negatives an, sondern Luzidität ist verwandt mit dem lateinischen Wort *lux* für Licht und meint mit Licht die geistige Klarheit und Helle, das Hellwachsein[194] und das voll bewusste Gewahrsein über den eigenen Bewusstseinszustand, über das Wachsein im Traum.

Luzidität im Traum besteht also dann, wenn das Ich eine gewisse Kontrolle über die Traumaktionen gewinnt. Dieser außergewöhnliche Zustand, den viele Menschen (ca. 60-80%) mindestens einmal in ihrem Leben erfahren haben, bietet die ideale Gelegenheit, Dinge zu erleben, die außerhalb der gewöhnlichen Grenzen der Konsensus-Realität geschehen. Luzidität im Traum bildet vor allem eine Brücke zu den Verstorbenen und die Chance, einen geliebten Menschen wiederzutreffen. Das von Lucy Gillis und dem amerikanischen Psychologen und Klartraum-Experten Robert Waggoner herausgegebene Internet-Journal *The Lucid Dream Exchange* (LDE) Nr. 20 ist eigens dem Thema Klarträumen von Verstorbenen gewidmet.[195]

### KELLY FRAPPIERS KLARTRAUM VON IHRER VERSTORBENEN MUTTER

(Erfahrung 29)

Ich erinnere mich nicht mehr an sämtliche Details, abgesehen von dem Teil [des Traumes], als ich mir klar darüber wurde, dass ich träumte. Ich sah meine Mutter (die zwei Jahre zuvor verstorben war) auf einem Stuhl sitzen und mich anlächeln. Ich wurde mir klar über meinen Traumzustand, weil ich im Traum wusste, dass sie tot war. Ich fing im Traum an zu weinen. Meine Mutter fing ebenfalls an

194 Hellwach im Traum lautet der Titel der deutschen Ausgabe des Klartraumspezilisten Stephen LaBerge, der mit Keith Hearne zu den Pionieren auf diesem Gebiet gehört.

195 https://www.dreaminglucid.com/wp-content/uploads/2015/05/LDE-20-Summer-June-2001.pdf

zu weinen. Es war wie ein zweiter Abschied von ihr. Ich fing noch mehr an zu schluchzen, als ich meine Mutter anschaute. Dann begann sie ganz plötzlich, lustige Grimassen zu schneiden, solche, die mich gewöhnlich zum Lachen brachten, als sie noch lebte. Ich fing an zu lachen, und das tat sie auch. Es kam ein Hauch von Frieden über mich. Dann wachte ich auf. Ich glaube nicht, dass ich den Traum kontrolliert habe, es sei denn unbewusst, aber es war eine faszinierende Erfahrung.

(Kelly Frappier)[196]

Der obige Klartraum ist ein typisches Beispiel für eine Begegnung mit einer verstorbenen Person, selbst wenn er keine »zwingende Evidenz« (*compelling evidence*) für ein Leben nach dem Tod liefert, doch außergewöhnlich ist, dass die Begegnung im hellwachen Traumzustand passiert. Der Traum zeigt eine gewisse Unabhängigkeit der Handlungen der verstorbenen Mutter. Zu Recht kommt die brennende Frage auf, ob die Begegnung das Resultat eines unbewussten Wunsches und der Sehnsucht der trauernden Tochter ist oder ob es sich um eine Traumvisitation handelt und die Mutter – ihre Seele oder das weiterlebende Bewusstsein der Mutter – ihrer Tochter einen wirklichen Besuch abstattete, um ihr zu helfen, ihre Trauer zu überwinden.[197]

### SYLVIA WILSONS KLARTRAUM-BEGEGNUNG MIT EINER VERSTORBENEN PERSON

(Erfahrung 30)

Ich träumte gerade von einem alten verstorbenen Prediger der Pfingstbewegung, den ich als Kind kannte. Ich liebte ihn sehr...

196 Frappier 2013, Fanny faces (lucid dream); übersetzt nach Robert Waggoner & Caroline McCready 2015, Lucid Dreaming. Plain and Simple. S. 134-135.

197 Waggoner & McCready 2015, S. 135.

Plötzlich realisierte ich, dass ich mit einer toten Person sprach... (luzide) Ich realisiere, dass mir nicht mehr viel Zeit mit ihm bleibt, und frage ihn schnell: »Welche Botschaft soll ich deiner Frau bringen?« Er sagt: »Erzähle ihr, wenn sie das große Bild von mir hat: ›Das bin nicht ich‹!«
Dann verschwindet er vollständig, und ich wache mit einem Schock auf. Ich bin mir absolut sicher, mit meinem alten verstorbenen Prediger gesprochen zu haben. So, am nächsten Morgen... bekomme ich sie [die Witwe] ans Telefon, ich erzähle ihr, sie möge es nicht glauben, aber ich glaube, dass ich mit ihrem toten Ehemann gesprochen habe. Dann erzähle ich ihr, wie die Botschaft für sie laute. Daraufhin bricht sie in Tränen aus und erklärt es. Sie sagte, sie hätte ein riesiges altes Bild von ihrem Mann (das bei ihr zu Hause hängt), das gewöhnlich in der Kirche hing, und sie hätte geweint und versucht, ihn aus dem Bild zu ziehen. Also nehme ich an, die Nachricht für sie war: Das ist er nicht mehr.

(Sylvia Wilson 2004)[198]

Einen seltenen Traum von einer verstorbenen Person berichtet Lucy Gilles, die erwähnte Mitherausgeberin des Journals *The Lucid Dream Exchange*.

### EIN LUZIDER TRAUM VON LUCY GILLES

(Erfahrung 31)
Als Lucy ihre verstorbene Mutter in einem luziden Traum sah, fragte sie die Traumperson: »Was würde sich Oma zum Geburtstag wünschen?« Ihre verstorbene Mutter lächelte und sagte: »Das Übliche.« Später, als Lucy mit ihrer Oma sprach, erfuhr sie, dass ihre verstorbene Mutter auch ihrer Oma in einem Traum einen Besuch

198 Luzider Traum von Sylvia Wilson in: The Lucid Dream Exchange 33 (Dez. 2004), 15, zitiert in Waggoner 2009, S. 230.

abgestattet hatte, etwa zur selben Zeit. Kaum zu glauben, beim Vergleichen ihrer Notizen kam heraus, dass die Traumperson in beiden Träumen dieselbe Aufmachung hatte (keine Kleidung trug, die sie im Leben besaß) und im selben Alter erschien. Lucy realisierte später, dass der größte Wunsch ihrer Großmutter war, von ihrer Tochter im Traum besucht zu werden. Dieses Ereignis sprach dafür, dass sich ihr Wunsch erfüllte.

(Lucy Gilles)[199]

In einer achtzehn Monate dauernden Studie über Klarträume mit Verstorbenen, die ich zusammen mit Prof. Adrian Parker durchgeführt habe und die vorwiegend prospektiv (63 Träume) und nur zum Teil retrospektiv war (17 Träume), gelang es den 28 weiblichen und männlichen Teilnehmern, zu denen zwei blinde Personen zählten, 80 Klarträume zu bekommen, in denen sie mit den verstorbenen Personen im Traum bewusst interagierten.[200] Der Trauminhalt haben wir auf zwölf Kriterien (*forced choice criteria*) hin untersucht:

1. Wer war die Traumperson?
2. Wie sah die im Traum erschienene Person aus?
3. Wie lange ist der Tod dieser Person her?
4. War sich die Traumperson im Klaren darüber, verstorben zu sein?
5. Wirkte die Traumperson glücklich?
6. Wie war die frühere Beziehung zu der Traumperson?
7. Agierte die Traumperson?
8. Gab es einen Kontakt, abgesehen von einem Gespräch?
9. Gab es ein Gespräch?

199 Luzider Traum von Lucy Gilles in: The Lucid Dream Exchange 20 (Sept. 2001), 23, zitiert nach Waggoner 2009, S. 231.
200 Puhle & Parker 2017, An Explorative Study of Lucid Dreams Concerning Deceased Persons.

10. Wie real war die Traumperson?
11. War der Traum hilfreich oder / und bedeutungsvoll?

Von den Figuren, die im Klartraum erschienen und für die Träumer*innen Verstorbene repräsentierten, waren die meisten Verwandte, mit denen die Träumenden zu Lebzeiten ein positives Verhältnis hatten. Sie kamen überwiegend ungerufen in den Traum und sahen aus wie kurz vor ihrem Tod, doch stets in gesundem Zustand. Die meisten verhielten sich passiv, und nur selten kam es zu einer Konversation, aber die Personen strahlten Wärme aus, wirkten echt. Die Träumer*innen empfanden die Begegnungen nicht nur als real, sondern auch als hilfreich und bedeutungsvoll. Ein Zehntel der Träume bot Evidenz für einen wahren Kern der Begegnung mit den Traumfiguren. In Prozenten lässt sich das Ergebnis der Studie grob zusammenfassen:

- 90% der Traumpersonen waren Verwandte
- In 54% der Träume lag der Tod der Traumperson Jahre zurück
- 69% der Träumer*innen hatten eine gute Beziehung zu der Traumperson
- 46% der Traumpersonen strahlten Wärme und Liebe aus
- In 36% der Träume fand keine Konversation statt
  - In 29% der Träume fand eine sinnvolle Konversation statt
  - In 20% der Träume erteilte die Traumperson einen Rat
  - In 15% der Träume wurde über das Leben nach dem Tod gesprochen
  - In 13% gab es Smalltalk
  - In 10% wurden Informationen vermittelt
- In 35% der Träume wirkte die Traumperson real
- 74% der Träume wurden als hilfreich und / oder bedeutungsvoll empfunden.

## Bettinas Geschichte

Eine Teilnehmerin an unserer Klartraumstudie, Bettina, Tochter der Opernsängerin Clementine von Schuch aus einer alten Dresdener Musikerfamilie[201], hatte nach dem Tod ihrer Mutter, am 29.6.2014, eine Reihe von Erlebnissen und Träumen, in deren Zentrum die verstorbene Mutter und deren schon einige Jahre zuvor verstorbener Partner standen. Die Erfahrungen wirkten auf Bettina real und halfen ihr in verschiedener Weise. Die Traumserie nimmt am Ende eine Wendung, die einen volkstümlichen Aspekt der Deutung zulässt. Lassen wir Bettina selbst zur Sprache kommen, die mir ihre Träume und Erfahrungen unmittelbar danach mündlich mitgeteilt hat, und die ich umgehend dokumentiert habe. Den Auftakt der Begegnungen bildet eine wachbewusste Erfahrung kurz nach dem Tod ihrer Mutter:

### EINE ERSCHEINUNG WIE EIN FOTO

(Erfahrung 32)

Am Abend nach der Beerdigung meiner Mutter [im Juli 2014] habe ich noch länger telefoniert. Da war Mutti an der Wand, sie sah aus wie auf dem Foto, das ich auf die Beileidspost hin geschickt hatte – das hat bestimmt zwei Stunden gedauert. Ich finde das richtig toll. Sie war an der Wand und sah aus wie das Foto, war also nicht dreidimensional, etwas verschwommen, ganz deutlich war das Twinset in Rosa. Ihr Gesicht war etwas graustichig, schemenhaft, doch so klar, dass ich es erkennen konnte. Das war alles ganz normal, ich habe das gar nicht als etwas Besonderes empfunden.

201 Clementine von Schuch war selbst eine ausgezeichnete Träumerin und hatte vor allem in ihrer Kindheit präkognitive Träume, die ich handschriftlich von ihr erhielt. Puhle 2018, S. 199f. Ihr Großvater Ernst von Schuch war Generalmusikdirektor der Dresdener Hofoper (Ära Schuch); seine Villa Schuch wurde ein Treffpunkt für Künstler.

Ich war so eingenommen von der ganzen Beerdigung, die ja den ganzen Tag über ging.
Ich habe ständig das Gefühl, sie ist um mich herum.

(Bettina)

Knapp einen Monat nach dem Tod ihrer Mutter, in der Nacht zum 23.7.2014, hatte Bettina einen präluziden Traum, in dem sie sich zwar über den Tod ihrer Mutter bewusst war, doch nicht daraus geschlossen hat, dass sie träumte:

**MEINE LEBENDE UND MEINE TOTE MUTTER**

(Erfahrung 33)

In den Morgenstunden: Wir waren zu dritt (oder wir waren zu mehreren), und ich stand sozusagen in der Mitte zwischen den beiden: Meine lebende Mutter stand rechts und war in Rosa angezogen, Twinset, sah ganz frisch aus, und meine tote Mutter saß in dem Sessel, den ich von ihrer Einrichtung behalten hatte. Da war kein Rückenkissen drin, und sie saß ziemlich tief. Der Sessel hat eine große Sitzfläche, und sie lehnte da hinten an der Lehne, war in dunkleren Farben angezogen, und das Gesicht war auch blasser, sah nicht so frisch aus. Und ich habe mich gefreut, aber ich wusste im Moment nicht, zu welcher ich gehen sollte. Mir war völlig bewusst, dass die eine tot und die andere lebendig war. Und dann bin ich auf die tote zugegangen, und ich weiß gar nicht, was ich von ihr wollte, sie in den Arm nehmen oder so, aber sie hat zu mir gesagt: »Geh weg, und fass mich nicht an!«
Währenddessen – schon als ich Anstalten machte, ihr näher zu kommen, wurde sie ein bisschen kleiner und zog sich in einer Ecke vom Stuhl zurück. Ich hatte mich zuerst unheimlich gefreut, dann musste ich entscheiden, wohin gehe ich denn nun, habe mich für die tote Mutter entschieden. Ich wollte nicht zur lebenden, denn

das wäre ja falsch gewesen. Ich habe mich, denke ich mal, richtig entschieden. Ich fühlte mich dann zurückgestoßen – das hieß aber nicht, dass ich zu der Lebenden gehen sollte, sondern dass ich etwas ganz anderes machen sollte. Bin ganz verstört aufgewacht.

(Bettina)

Bettinas nächste Erfahrung einige Zeit später, nachdem sie in die Wohnung ihrer verstorbenen Mutter eingezogen war, ist wieder ein präluzider Traum, der sich auf eine Alltagsangelegenheit bezieht: Sie war damit beschäftigt, die Wohnung umzugestalten. Als sie von dem Tischler, der den Umbau der Küche bewerkstelligen sollte, nachts per Mail eine Absage erhielt, war sie verzweifelt und dachte: »Wenn bloß Sigi [ihr »Stiefvater«] jetzt da wäre, er hat so viel mit Holz gebaut!« Der Wunsch schlich sich in ihren Traum, in dem sie nur einen Schritt davon entfernt war, zu realisieren, dass sie träumte:

### HELFENDE HÄNDE EINES TOTEN

(Erfahrung 34)

Ich sitze auf Muttis Toilette, vor mir (ist) wie so eine Wand aus Schutt, kaputten Fliesen und Mörtel von einer Badseite zur anderen – da nehme ich Klopapier, das musste ich ausschütteln, weil lauter Schutt drauf war, und dann war die Badezimmertür offen, gleich anschließend die Wohnungstür. Die Wohnungstür ging plötzlich auf, und dann kam Sigi [vier oder fünf Jahre zuvor gestorben] in den Flur. Er kam strahlend rein, braungebrannt, in einem schneeweißen Anzug, und strahlte mich an, strahlte und strahlte, versprühte absolut gute Laune. Und in dem Moment war ich so erleichtert – von mir fielen Felsen ab – und ich sage »ach Sigi«, völlig erleichtert und glücklich und froh. Dann kommt er rein. Ich wusste, dass er tot war. Er kam rein, kam auf mich zu, reichte mir über den Schutthaufen eine Hand. Ich saß nach wie vor auf der

Toilette. Ich wollte die [Hand] natürlich nehmen, denke noch, seine Hand ist bestimmt eiskalt, weil er ja tot ist. Ich habe dann die Hand genommen, die war nur kühl, ganz angenehm, dann hat er mir sofort die andere Hand gegeben, und ich habe die auch genommen ohne Skrupel, und dann bin ich aufgewacht. Ich war so froh, das war ganz irre.

Das Merkwürdige ist, dass sich am nächsten Tag auch alles mit der Küche geklärt hat. Da habe ich die Frau angerufen... und die konnte das vermitteln, den Herrn Hoffmann, der das jetzt macht.

(Bettina)

Wieder wusste die Träumerin im Traum, dass die darin erscheinende Person tot war – eine typische Vorstufe zum luziden Traum bzw. Klartraum. Der Traum enthält drei typische Aspekte, die mit den Ergebnissen unserer Studie übereinstimmen: Die verstorbene Person strahlte Wärme aus, der Traum war hilfreich und erteilte einen Rat, denn das Problem war am nächsten Tag gelöst.

Noch ein drittes Mal träumt Bettina von ihrer verstorbenen Mutter und erreicht im Traum wieder fast ihr volles Bewusstsein. Der Traum kam Anfang bis Mitte Januar 2015, also etwa ein halbes Jahr nach dem Tod ihrer Mutter:

#### MEINE TOTE MUTTER WILL WIEDER NACH HAUSE KOMMEN

(Erfahrung 35)

Ich habe uns sitzen sehen, ich am oder auf dem Krankenbett meiner Mutter. Sie saß im Bett, und da war noch jemand, ich weiß aber nicht, wer es war. Wir haben uns unterhalten, sie hat so gelacht, wie oft, wenn sie im Krankenhaus war, und dann sagte sie auf einmal: »Hach, ich freue mich ja so auf meine Wohnung. Ich möchte so gerne nach Hause kommen.« In dem Moment ging bei mir die Klappe runter. Hier war mir die Realität wieder ganz klar vor Augen, und ich

dachte: »Auweia, das geht ja gar nicht mehr. Ich wohne ja jetzt in der Wohnung, das geht ja gar nicht.« Ich bin dann aufgewacht, weil ich nicht sehen wollte, wie sie reagiert.
Ich war sehr traurig nach diesem Traum, weil sie sich immer so gefreut hat, wenn sie aus dem Krankenhaus nach Hause kam.

(Bettina)

Bis hierher fallen Bettinas erste visuelle Wahrnehmung ihrer verstorbenen Mutter und die drei darauffolgenden Träume von ihrem geliebten, von ihr selbst zum Stiefvater ernannten Sigi und ihrer heißgeliebten Mutter in die Trauerzeit, angefangen mit dem Tag der Beerdigung bis zu einem halben Jahr später. Die überraschende Hilfe nach dem Traum von Sigi zeigt eine gut bekannte Traum-Qualität, die Kreativität von Träumen, die nicht immer auf gewöhnliche Weise zu erklären ist, während der Konflikt, ob sie sich der lebenden oder toten Mutter zuwenden soll, in den beiden anderen Träumen nicht über deren Realitätsgehalt für die Träumerin hinwegtäuschen kann.

Eine Koinzidenz rundet Bettinas Geschichte ab: Bettina erzählt mir am 9. März 2015 am Telefon, dass sie am Vortag zu Sigi auf den Friedhof in Berlin (wohl Neukölln) ging, weil ihr danach zumute war. Sie brachte ihm eine Muschel von Amrum mit, der Insel, die er auch so sehr liebte, und legte sie ihm vor seine Urnenkammer. Danach setzte sie sich auf eine Bank, und als sie auf ihre Füße guckte, lag da direkt daneben noch eine Muschel in ähnlicher Größe, aber nicht gerillt wie ihre.

Nun hat sich heimlich noch ein Element in Bettinas Träume gemischt, das als alter Volksglaube abgetan werden könnte, wenn es nicht bis heute noch weit verbreitet wäre, und das sich im Nachhinein erfüllte: Nur ein Jahr später, im Januar 2016, fing sich Bettina im Fitness-Studio eine Infektion ein, die gleich drei Organe, u. a. das Herz, befiel, und sie verstarb binnen zweier Wochen – zweiundsechzig

Jahre alt. Es ist das Motiv des Abholens[202] der Lebenden vonseiten der Toten, das in Bettinas Fall zweifach symbolisiert wird: Durch das Ergreifen der angenehmen Hände ihres geliebten Stiefvaters und durch die Entscheidung, zu der toten Mutter statt zu der lebenden zu gehen, auch wenn die verstorbene Mutter ihre Tochter im Traum davon abzuhalten versucht.

Außergewöhnlich ist der Klartraum einer 14-jährigen Schülerin nach dem Tod einer Klassenkameradin:

### SIE WUSSTE, SIE WÜRDE AM NÄCHSTEN TAG STERBEN

(Erfahrung 36)

Ein Mädchen aus meiner Klasse starb am 17. August 2014. Ich kannte sie nicht halb so gut, wie ich sie gerne gekannt hätte, denn sie war mehr oder weniger neu in meiner Klasse, und ich dachte nach ihrem Tod, dass es schade sei, sie nicht besser gekannt zu haben.

Eines Nachts träumte ich von ihr. Ich träumte, sie war da, und sie wusste, sie würde am nächsten Tag sterben. Ich fragte sie, ob sie wüsste, was sie gerne tun wollte. Sie antwortete: »Nichts außer meiner Verabredung morgen…«

Ich dachte darüber nach, was wir machen könnten.

Da ich diesen Traum mehrere Stunden später aufschreibe, weiß ich nicht mehr, was wir schließlich machten. Aber das ist egal, denn ich wachte mit dem Gefühl auf, die letzten Minuten mit ihr verbracht zu haben.

(Clara)

Ein Beispiel aus unserer Studie für einen Klartraum mit einer sich später bewahrheitenden Information bietet ein blinder Träumer:

202 Fallbeispiele in Puhle 2009, S. 158-161.

### TOMMIS VERSTORBENE GROSSMUTTER SIEHT DIE ZUKUNFT VORAUS

(Erfahrung 37)
Ich konnte meine Oma sprechen hören: »Deine Firma meldet Konkurs an, Du wirst das Gerichtsverfahren verlieren, aber du wirst eine Abfindung bekommen, und die Dinge sind nicht so schlimm. 2009 wird es besser werden.« Der Traum (von 2007) wurde wahr.

(Tommi)

## Wer sind die Traumfiguren?

Sind die im Traum erscheinenden Figuren tatsächlich die Verstorbenen? Robert Waggoner, seines Zeichens ein ausgezeichneter Klarträumer, zieht mehrere Möglichkeiten in Betracht, wer oder was die Figuren oder Personen, die uns in Klarträumen als vertraute Verstorbene begegnen, sein könnten:

- Aspekt-Formen oder symbolische Repräsentationen des vorigen Tages oder Emotionen?
- Kernaspekt-Formen eines permanenten Aspektes der Psyche?
- Haben sie eine autonome Präsenz?

Robert Waggoner kommt zu dem eindeutigen Schluss:
Einige Traum-Figuren… könnten die Verstorbenen repräsentieren.[203]

Der Klartraum-Pionier Dr. Paul Tholey, von Haus aus Sport-Psychologe, führte eine Studie zu der Frage durch, ob die Traum-Figuren ihr eigenes Bewusstsein hätten. Die vier Aufgaben für die Klarträumer*innen lauteten:

203 Robert Waggoner im E-Mail-Austausch mit A. Puhle, 23.1.2014.

1. zu zeichnen oder zu schreiben;
2. dem Träumer / der Träumerin ein ihnen unbekanntes Wort zu nennen;
3. zu reimen;
4. leichte mathematische Aufgaben zu lösen.

Dies sind die Ergebnisse:

- ein Teil der Träumenden war erfolgreich – allerdings nicht mit der letzten Aufgabe 4;
- die Figuren im Klartraum sind bewusst.

Das Resümee lautet für Tholey (wie für Waggoner): Wir sollten die Figuren im Klartraum so behandeln, als wären sie real.[204] Genauer noch gehen Paul Tholey und Kaleb Utecht auf die Art und Weise des Umganges mit Traumfiguren bzw. den potenziellen verstorbenen Personen im Traum ein und schlagen im Fall von unbekannten Traumfiguren zwei Umgangsarten vor, je nachdem ob die Traumfigur angenehm oder unangenehm zu sein scheint[205]:

| Im positiven Fall: | Im negativen Fall: |
|---|---|
| · Wer bist du? | · Fragen wie im positiven Fall |
| · Was willst du | · Debatte oder Kampf |

204 Paul Tholey (1937-1998), Tholey 1985, Haben Traumgestalten ein eigenes Bewusstsein?

205 Tholey & Utecht 1995, Schöpferisch träumen. Der Klartraum als Lebenshilfe.

## 19. Reinkarnation (Cases of the Reincarnation Type, CORT)

### Reinkarnation (CORT)

Was haben Erinnerungen an frühere Leben mit dem Wiedersehen von geliebten Verstorbenen zu tun, mögen Sie sich im ersten Moment fragen.

Sehr viel, denn in diesem Zusammenhang treffen wir auf Erfahrungen, die sich so intensiv auf Verstorbene beziehen und so intim sind, dass die Betroffenen sich mit der verstorbenen Person identifizieren, und zwar in einem Maße, dass die augenblicklich gelebte Person dahinter als die uneigentliche in den Schatten rückt. Es braucht Zeit, bis dieses Bewusstsein der Vergangenheit mit dem gegenwärtigen Leben in Einklang gebracht wird – und hier ist Ignorieren keine Hilfe, sondern ein Hemmschuh.

Hauptsächlich werden Erinnerungen an ein anderes Leben von Kindern vom frühesten Alter an bis zu sechs oder maximal acht Jahren gemacht. Die Identifikation mit der verstorbenen Person beinhaltet, dass die Kinder behaupten, sie hießen eigentlich so und so, und ihre jetzigen Eltern seien nicht ihre Eltern, sondern diese hießen so und so. Dazu kommen viele andere Details – Wohnort, Beruf, Todesart – aus dem Leben der bestimmten früheren Person, von denen die Kinder auf übliche Weise nichts wissen konnten. Mittlerweile wurden Tausende von Fällen aus mehreren Ländern akribisch untersucht, vor allem aus Nepal, Indien und dem Libanon, doch auch einige aus Europa und den USA.[206] Für unseren Kontext bedeutet das Phänomen, wie auch immer es sich erklären lassen mag, eine sehr starke Verbindung mit einer

206 Zu den wichtigsten Forschern auf diesem Gebiet zählen Ian Stevenson, Erlendur Haraldsson, Jim Tucker, Bruce Greyson, Antonia Mills, Jürgen Keil und Titus Rivas.

toten Person, die das Leben aller Involvierten auf den Kopf stellen kann. Es steht dem anderen Phänomen, nämlich der geistigen Führung einer früheren Person, unter der sich manche Menschen lebenslang fühlen, an Intensität keineswegs nach, sondern führt wie schon gesagt bis hin zur Identifikation – bis diese glücklich in das aktuelle Leben integriert werden kann. Die verstorbene Person, mit der sich das Kind identifiziert, ist für die Außenstehenden wie die jetzige Familie völlig unbekannt, kann aber ebenso aus derselben Familie stammen. Nur in Ausnahmefällen handelt es sich um Personen, die eine gewisse Publicity erlangten.[207] Wir betreten hier ein riesiges Forschungsfeld, auf dem es noch viel zu entdecken geben wird und das viele Fragen aufwirft, die uns im Innersten berühren und dazu aufrufen, unser bisheriges – westlich geprägtes – Weltbild zu überdenken.

Verstorbene spielen eine seltsame Rolle in den Träumen von früheren Leben, denn im Traum *sind* die Träumenden die frühere Person, die im gegenwärtigen Leben als tot vorgestellt und bezeichnet wird. Oft sind es negative Erinnerungen wie ein gewaltsamer oder frühzeitiger Tod, die zu Traumata führen, die im Traum lebhaft durchlebt werden und mitunter Jahre lang Albträume bescheren. Es ist daher sehr wichtig, Kinder, die von solchen Erinnerungen geplagt werden, zunächst einmal ernst zu nehmen und den Dingen auf den Grund zu gehen. In manchen Fällen konnten die Albträume von Kindern oder mitunter auch von Erwachsenen erfolgreich abgestellt werden, sofern sie die Ursache in einem früheren Leben erkannten. Meistens stellen die Erinnerungen von Kindern, die in Albträumen vorkommen, nur einen Aspekt eines größeren Gedächtnis-Sets dar, während sich bei den Traum-Erinnerungen von Erwachsenen das Gesamtbild des Falles zeigt.[208]

---

207 Beispiele sind die Erinnerungen des amerikanischer Jungen Lee, der Drehbuchautor von »Vom Winde verweht«, Sidney Coe Howard, gewesen zu sein, und die eines anderen Jungen, Ryan, der Hollywood-Star Marty Martyn gewesen zu sein – beide Fälle sind bis jetzt ungelöst.

208 James Matlock 2019 (b), Dreams and Past-Life Memory.

Neben den weit über 3000 Fall-Dokumentationen des amerikanischen Psychiaters Ian Stevenson und seines Nachfolgers Jim Tucker und vielen Hunderten von Erlendur Haraldsson sorgfältig vor Ort recherchierten Fällen existiert eine Sammlung von 127 Fällen vom Typ Reinkarnation von Frederick Lenz.[209] Die Sammlung von Lenz betrifft vorwiegend Erwachsene, und in neunzehn Fällen (15%) spielten dabei Träume eine Rolle.[210]

In Ian Stevensons Studie von einundvierzig europäischen Fällen vom Typ Reinkarnation (*CORT*) wird von zahlreichen lebhaften und wiederkehrenden Träumen, Ankündigungsträumen[211] sowie von Albträumen berichtet.[212]

Der verhältnismäßig neue Fall des amerikanischen Jungen und inzwischen Erwachsenen James Leininger, der seit frühester Kindheit wiederkehrende Albträume hatte, denen zufolge er aus einem im Zweiten Weltkrieg von den Japanern abgeschossenen Kampfflieger nicht mehr herauskommen konnte, erregte das Interesse der Öffentlichkeit. Der Fall ist aufgrund seiner reichen Details, an die sich der kleine James ab dem Alter von zwei Jahren erinnerte, bemerkenswert und wies auf den im 2. Weltkrieg abgestürzten Piloten James Huston als der erinnerten Persönlichkeit hin.[213]

Heather Charles war gerade vierzehn Jahre alt, als sie einen starken Traum hatte, der sich auf ein früheres Leben bezog:

---

209 Lenz, Frederick 1979. Lifetimes: True Accounts of Reincarnation.

210 Matlock 2019 (a), Signs of Reincarnation. Exploring Beliefs, Cases, and Theory, S. 206.

211 Siehe den übernächsten Abschnitt (Kap. 19).

212 Ian Stevenson (1918-2007). Stevenson 2003, European Cases of the Reincarnation Type.

213 Tucker 2016, The Case of James Leininger: An American case of the reincarnation type.

## HEATHER CHARLES‘ TRAUM VON EINEM FRÜHEREN LEBEN

(Erfahrung 38)

In dem Traum war ich ein Mann, ein Soldat, nachts auf einem Schlachtfeld. Wir stießen vor, die Erde war nass, sehr schlammig, überall hingen Stacheldrahtstränge, die an der Kleidung hängen blieben. Der Nachthimmel war periodisch erleuchtet durch Leuchtgeschosse und Explosionen. Im Traum nahm ich das brennende Gefühl hinten am Gaumen und einen merkwürdigen Geruch in der Luft (ein bisschen wie von einem Feuerwerk) wahr. Als ich mich vorwärts bewegte, spürte ich etwas auf mich zukommen. Es ging alles so furchtbar schnell, da war keine Zeit zum Reagieren. Ich spürte, dass es eine Granate war, die extrem dicht an der linken Seite meines Kopfes vorbeischoss. In ihrem Sog war ein Vakuum von heißer Luft. In diesem Bruchteil einer Sekunde wurde ein Teil der linken Seite meines Kopfes abgerissen, mein rechter Arm kam instinktiv hoch, um die Verletzung zu schützen, und für einen kurzen Augenblick war ich mir gewahr, dass meine Hand die klaffende Kopfwunde fühlen konnte, aber die Wunde am Kopf meine Hand nicht fühlen konnte. Dann fiel ich vorne über auf die Erde.

Seitdem habe ich herausgefunden, dass Schlachtfelder voll von Kordit (einer Art Schießpulver, die z. B. in der britischen Patrone 303 benutzt wird) und anderen Substanzen sind, die ein brennendes Gefühl am hinteren Gaumen verursachen können. Geschosse, die sehr schnell durch die Luft sausen, erzeugen hinter sich ein Vakuum von heißer Luft, und wenn ein Teil eines Schädels entfernt wird, hat die Oberfläche des Gehirns keine Sensoren für Berührung, aber die Hand hat sie. Ich hätte diese Fakten als Schulmädchen von vierzehn Jahren nicht gewusst, und ich komme nicht aus einer Militärfamilie.

Ich habe für kurze Zeit in Deutschland gelebt und gearbeitet und war mehrere Male zu Besuch in dem Land. Ich habe mich dort immer ›zu Hause‹ gefühlt. Ich habe niemals offiziell Deutsch gelernt, und doch habe ich es recht schnell geschafft, die Sprache zu verstehen und anzuwenden, so dass ich mich leicht zurechtfinden konnte und unabhängig war. Wenn ich Deutsch sprach, sagten mir Deutsche, meine Aussprache sei wie die von Einheimischen.

(Peter & Elizabeth Fenwick 1999)[214]

Irgendeinen Geruch im Traum wahrzunehmen, mag nicht so bemerkenswert sein wie das Riechen eines spezifischen Schießpulvers. Ein anderer wichtiger Punkt ist, dass die linke Seite des Schädels beschädigt, aber nicht vollständig entfernt wurde, denn sonst hätte Heather den Tastsinn in ihrer rechten Hand ebenfalls verloren, und ihr Arm wäre gelähmt gewesen. Trotz allem konnte sie den Arm noch zu ihrem verwundeten Kopf hochheben.

Eines Morgens machte Heather Charles noch eine rätselhafte Erfahrung, als sie wach im Bett lag und überlegte, ob sie aufstehen sollte:

(Zu Erfahrung 38)

Ich führte meine Hand zu meinem Gesicht hinauf, mit dem Gedanken, ich sollte mich am besten rasieren. Im nächsten Moment meldete sich die Realität wieder, und ich wunderte mich, diese kurze Erfahrung gemacht zu haben, zu denken und zu fühlen, als wäre ich ein Mann. Es ist nicht wieder vorgekommen.

(Peter & Elizabeth Fenwick 1999)[215]

214 Fenwick & Fenwick 1999, Past Lives, S. 100-101.
215 Ebenda.

## Reinkarnation – Zwischenphase (Cases of the Reincarnation Type – Intermission, Cort-I)

Wir wollen nun einen Blick auf spezielle Erinnerungen werfen, die schon Ian Stevenson[216] beschrieben und untersucht hat, und zwar auf die Erinnerungen an eine Zeit zwischen zwei Inkarnationen, zwischen dem früheren und dem aktuellen Leben der betreffenden Person. Pooman Sharma und Jim Tucker haben 276 von 1200 Reinkarnationsfällen analysiert, die sich zu jener Zeit auf der computergestützten Datenbank befanden, in der zu dieser Zeit über 2500 internationale Fälle vom Typ Reinkarnation (*CORT*) registriert waren.[217]

Diese wurden als *CORT-I* gekennzeichnet, und der Vergleich zwischen *CORT* und *CORT-I* zeigte, dass die Fälle von Erinnerungen an ein Zwischenstadium noch detaillierter waren und größere Evidenz als die *CORT* aufweisen: Die Betroffenen machten sowohl mehr und akkuratere als auch verifizierbare Angaben über die vergangenen Leben. Dazu kommt, dass ihre Erinnerungen potenziell eine höhere Zahl früherer Leben betrafen, und dass sie sich nicht nur die Namen der früheren Persönlichkeit aus dem Gedächtnis abrufen konnten, sondern auch Namen von anderen Individuen in diesem bestimmten früheren Leben.[218] Die Betroffenen von *CORT-I* machten mehrere Arten von Erfahrungen während des entkörperten Zustandes, die sich mit den Berichten von Nahtod-Erfahrungen decken. Ein häufig vorkommender gemeinsamer Aspekt ist die Begegnung mit den Geistern der Verstorbenen.[219] Obwohl ich keinen direkten Zugang zu den aktuellen

216 Stevenson 2003,

217 Poonam Sharma & Jim Tucker 2004, Cases of the Reincarnation Type with Memories from the Intermission Between Lives.

218 A. a. O., S. 103.

219 A. a. O., S. 111.

Fallberichten der Database habe, in denen die Erinnerungen an ein Zwischenstadium in Träumen aktiviert werden, scheint es klar zu sein, dass auch hier Träume eine wesentliche Rolle spielen.

Das folgende Traum-Beispiel sagt nichts darüber aus, ob die Erinnerungen des Jungen an einen Zwischenzustand zwischen den Leben im Traum oder Wachzustand zurückkamen, aber sie korrespondieren mit einem Traum seiner Mutter mit der früheren, von ihm erinnerten Persönlichkeit:

### EIN INDISCHER JUNGE NAMENS VEER SINGH

(Erfahrung 39)

Ein Junge in Indien mit dem Namen Veer Singh behauptete, sich an das Leben von Som Dutt zu erinnern, eines Jungen aus einem fünf Meilen entfernten Dorf, der elf Jahre bevor Veer Singh geboren wurde, gestorben war. Er sagte, er hätte sich um Som Dutts Zuhause herum aufgehalten und hätte in einem Baum gelebt. Er sagte, dass er in dieser Zeit zur Hochzeit von Som Dutts Bruder gegangen wäre, und nannte Details vom Essen, das serviert wurde. Auch wenn das korrekt war, das Essen war typisch für eine indische Hochzeit. Er sagte auch, dass er mit Familienmitgliedern das Haus verlassen hätte, als diese gingen. Diese Erinnerung passte zum Traum, den Som Dutts Mutter mehrere Monate nach Som Dutts Tod hatte, in dem er zu ihr kam und sagte, dass er mit seinem Bruder gegangen sei, als sich dieser nachts aus dem Haus schlich, um eine Messe zu besuchen. Nach dem Traum gab der Bruder gegenüber seiner Mutter zu, dass er das Haus verlassen hatte. Veer Singh berichtete auch, dass ihn ein paar Frauen irritiert hätten, die auf einer Schaukel spielten, die an dem Baum, in dem er sich aufhielt, angebracht war, und dabei das Brett der Schaukel zerbrachen. Som Dutts Vater erinnerte sich, dass es einen solchen

Unfall gegeben hatte. Veer Singh sprach mit Som Dutts Mutter über Rechtsstreitigkeiten, in die die Familie nach Som Dutts Tod verwickelt wurde. Er sprach über einen Zwilling, der während des Zwischenstadiums geboren wurde, und er erzählte Som Dutts Vater ganz richtig, dass ein bestimmter Mann nach dem Tod von Som Dutt aus dem Dorf weggezogen war.

(Jim Tucker 2006)[220]

### Ankündigungsträume (Announcing Dreams)

Im Zusammenhang mit *CORT* und *CORT-I* wird noch ein weiteres Phänomen berichtet, und zwar handelt es sich um die Ankündigung einer Wiedergeburt, die in Träumen stattfindet. Dies geschieht meistens vor oder während der Schwangerschaft in einem sogenannten Ankündigungstraum, den in der Regel die angehende Mutter hat, doch gelegentlich auch der werdende Vater oder eine andere den Eltern nahestehende Person. Mir selbst haben zwei Frauen, eine Deutsche und eine Holländerin, unabhängig voneinander berichtet, dass sie während insgesamt drei Schwangerschaften ihre zukünftigen Kinder im Traum gesehen haben, und in allen Fällen sahen sie laut Beschreibung der Mütter genauso aus wie später tatsächlich.[221]

Ian Stevenson hat Ankündigungsträume aus sämtlichen Ländern, in denen er geforscht hat, einschließlich europäischer Länder, dokumentiert.[222] Sie werden häufig von den Burmesen, den Alevi und den Tlingit sowie noch anderen Stämmen berichtet.[223]

Ian Stevenson (1987) weist überhaupt auf eine ganze Reihe von As-

220 Tucker 2006, Life Before Life. A Scientific Investigation of Children's Memories of Previous Lives, S. 170.

221 Zwei dieser Träume sind nachzulesen in Puhle 2018, S. 210.

222 Stevenson 2003, S. 99.

223 Matlock 2019 (a), Signs of Reincarnation. Exploring Beliefs, Cases, and Theory, S. 165.

pekten hin, die die Rolle von Träumen in *CORT* hervorheben, wie die allgemeinen Träume von früheren Leben, die wiederkehrenden Träume, lebhafte paranormale wie telepathische Träume und Ankündigungsträume.

In Stevensons Sammlung europäischer Fälle findet sich ein Beispiel aus Finnland. Es betrifft die Tragödie des Ehepaares Sylvi und Risto Paasio, deren Sohn Kalevi bezeugte, wie sein Vater seine Mutter missbrauchte und schlug.[224] Seine Eltern ließen sich scheiden, und Kalevi verbrachte die Wochenenden bei seinem Vater. Aber der Vater geriet in Rage über seinen Sohn und tötete ihn.

### SYLVIS ANKÜNDIGUNGSTRAUM

(Erfahrung 40)

Wenige Monate nach Kalevis Tod, doch bevor sie schwanger mit Paavo wurde, hatte Sylvi einen lebhaften Traum über Risto und Kalevi. Im Traum hörte sie, wie es an der Tür klingelte. Sie ging zur Tür, öffnete sie und fand Risto und Kalevi dort. Risto verschwand, aber Kalevi kam herein und setzte sich auf ein Fensterbrett. Sylvi versuchte, ihn anzufassen, doch ihre Hand ging durch ihn hindurch.

Dieser Traum war so realistisch, dass Sylvi sich unsicher war, ob sie geträumt hatte oder die entkörperten Personen im Wachzustand sah. Sie hat niemals zuvor eine ähnliche Erfahrung gemacht.

(Stevenson 2003)[225]

Zu dieser Zeit hatte Sylvi einen neuen Partner, Veikko, aber sie war damals nicht schwanger. Ihr nächstes Kind Paavo wurde dreizehn Monate nach Kalevis Tod geboren. Im Alter von drei Jahren kam Paavo mit

224 Stevenson 2003, S. 149-152.
225 A. a. O., S. 150.

Aussagen wie, dass das Haus, in dem sie wohnten, nicht sein Zuhause wäre. Als er ein Foto von seiner Mutter mit einem verletzten Gesicht sah, brach er in Tränen aus und sagte: »Niemandem wird es erlaubt sein, dich zu schlagen.« Sylvi hatte niemals mit Paavo darüber gesprochen, dass Risto sie geschlagen hatte. Mehr noch, als Paavo Fotos von Kalevi sah, bestand er darauf, dass diese Fotos von ihm selbst wären. Paavo sprach auch über das Leben von Kalevi. Zudem gab es physische Ähnlichkeiten zwischen Paavo und Kalevi. Es ist zwar nicht der beste von Stevensons Fällen, aber er bietet etliche typische Aspekte von Ankündigungsträumen: Sie sind ausgesprochen lebhaft, überzeugend real, sie beziehen sich auf eine frühere Persönlichkeit, die den Träumenden bekannt ist, und sie zeigen ihre Ankunft im Leben der träumenden Person.

Ein anderer finnischer Fall aus Stevensons europäischer Kollektion ist zwar kein typischer Ankündigungstraum, in dem die frühere Persönlichkeit ihre Wiedergeburt ansagt, denn hier hat der Kontakt mit der zukünftigen Mutter einen anderen Grund. Doch dafür kommen in diesem Beispiel einige Erinnerungen an ein Zwischenstadium vor. Hier können Sie einige wenige Aspekte dieses bemerkenswerten Falles aus der Sammlung lesen:

**BEHALTE DIESES KIND!**

(Erfahrung 41)
Samuel Helander wurde in Helsinki, Finnland, am 15. April 1976 geboren. Als er zwischen ein und zwei Jahren alt war, begann er, einige Aussagen zu machen und Dinge wiederzuerkennen, was nahelegte, dass er sich an das Leben des jüngeren Bruders seiner Mutter erinnerte, Pertti Haeikioe. Später zeigte Samuel ein Verhalten, dass ungewöhnlich für seine Familie war, jedoch im Einklang mit Perttis Verhalten stand…

Pertti Haeikioe wurde am 8. Juni 1957 geboren, auch in Helsinki, und starb dort an schwerem, unkontrolliertem Diabetes mellitus am 10. Juni 1975, als er gerade achtzehn Jahre alt war... Perttis Mutter, Anneli Lagerqvist (die nach der Scheidung von Perttis Vater wieder geheiratet hatte) und ihre Schwester Marja Helander (Samuels Mutter) trauerten sehr nach seinem Tod. Als Marja in der zehnten Woche schwanger mit Samuel war, träumte sie von Pertti. In dieser Zeit zog sie einen Schwangerschaftsabbruch in Erwägung, aber in dem Traum hörte sie, wie Pertti zu ihr sagte: »Behalte dieses Kind.«

Samuel war erst etwa eineinhalb Jahre alt, als er, wenn er nach seinem Namen gefragt wurde, sagte, dass er »Pelti« wäre. (Zu dieser Zeit konnte er das r in »Pertti« noch nicht aussprechen... er bestand darauf, dass er »Pelti« und später »Pertti« wäre)...

Samuel machte nur wenige direkte Aussagen über das frühere Leben... und nahezu alle standen in Zusammenhang mit dem Wiedererkennen einiger Personen (oft auf einem Foto) oder eines Objekts, das Pertti kannte.

Samuel spielte niemals direkt auf Perttis Tod an. Er machte allerdings zwei Bemerkungen, die auf Erinnerungen an Ereignisse deuteten, die sich nach Perttis Tod zutrugen. Er sagte, dass er an einen Ort gebracht wurde, an dem viele Särge standen, und dass einige von ihnen offen waren...

Als Samuel zum Friedhof gebracht wurde, auf dem Pertti begraben wurde, sah er Perttis Grab an und sagte: »Das ist mein Grab.«

(Stevenson 1987)[226]

226 Stevenson 1987, Children who Remember Previous Lives. A Question of Reincarnation, S. 73-75.

# Bedeutung und Umgang mit den Erfahrungen

Wir alle wissen, wie schnell das Leben verlaufen kann, auch wenn wir dieser Tatsache nicht immer gerne ins Gesicht schauen wollen. Das beste Beispiel für die Schnelligkeit, Lebendigkeit und daher auch die Kürze des Lebens[227] ist unser Erinnerungsvermögen. Nehmen wir nur das Beispiel Träume: Kaum aufgewacht, haben wir noch ganze Geschichten, die wir im Schlaf erlebt haben, im Kopf, oder zumindest bleibt das Gefühl zurück, dass wir gerade eben viele Dinge im Traum erlebt haben. Doch schon einen Moment später ist oft alles vergessen. Die Traumerinnerung ist das beste und krasseste Beispiel für die Vergänglichkeit oder schöner ausgedrückt für den Fluss des Lebens. Aus diesem Grund lege ich Ihnen ans Herz, eine besondere Erfahrung wie einen – am besten jeden – Traum sofort zu notieren.

Die Traumforschung hat noch etwas so Erschreckendes wie Natürliches gezeigt, das uns einmal mehr auf die ständige Aktivität und Veränderung unseres Gedächtnisses aufmerksam macht: Schreiben Sie einen Traum am Morgen gleich nach dem Aufwachen auf und tun das Gleiche noch ein zweites Mal am Abend, ohne vorher den Morgenbericht nachzulesen, und Sie werden staunen, wie die beiden Berichte voneinander abweichen können! Wir erfinden tatsächlich in

227 Der Stoiker Lucius Annaeus Seneca (1. Jhd.) verfasste die Abhandlung *De brevitate vitae* (Über die Kürze des Lebens).

jedem Moment eine neue Vergangenheit, zumindest schmücken wir das Erlebte in sehr phantasievoller Weise zu einem für uns runden und stimmigen Bild ab. Wenn sie also das Erlebte so genau wie möglich in Worte einfangen wollen, ist es wichtig, es sofort, nicht erst Stunden später, niederzuschreiben. Durch die neue Aufmerksamkeit, die Sie damit Ihrem Leben und Erleben schenken, machen Sie den ersten großen Schritt auf diese ungewöhnlichen Erfahrungen zu, die im Grunde – das werden Sie längst gemerkt haben – ganz gewöhnlich sind. Und noch etwas: Lesen Sie immer wieder in Ihren Aufzeichnungen. Das öffnet und sensibilisiert Sie für diese Phänomene und hilft Ihnen, sie als das, was sie sind, nämlich als etwas völlig Natürliches, in Ihr Weltbild einzufügen.

Die besagten Erfahrungen sind dann keinesfalls Grund zur Aufregung oder Angst, wenn wir unser Weltbild abrunden und den Tod und das Leben als eine große Einheit erkennen. Dann liegt zwischen beiden Phasen keine Kluft, kein bedrohlicher Abgrund mehr, sondern es führt eine Brücke – unser bewusstes Wissen, achtsames Handeln und Fühlen – über sie hinweg.

## 20. Wie wahr sind diese Begegnungen?

Es gibt keinen Gradmesser, weder für die Wahrheit noch für die Wirklichkeit. Was wir subjektiv als real erleben, ist und bleibt für uns real, und wir wissen von vielen Erfahrungen, dass sie nicht selten sogar als noch realer als real empfunden werden. Bislang bilden diese spontanen Erfahrungen noch ein Randphänomen der Mainstream-Wissenschaft, aber der Trend geht eindeutig dahin, dass auch diese individuellen Erlebnisse, die alle zusammen mit ihren übereinstimmenden Kernaspekten ein inzwischen so angewachsenes Corpus an Daten bilden, in absehbarer Zukunft ihren festen Platz im allgemein akzeptierten Denken sowie im wissenschaftlichen Diskurs einnehmen werden. Auch die spirituellen Aspekte während der Begegnungen mit Verstorbenen und anderen nicht-physischen Wesen wie Engeln oder göttlichen Wesen gehören untrennbar in diesen Kontext.[228]

## Welche Erfahrungen lassen sich objektiv bestätigen?

Nach heutigem wissenschaftlichen Standard gelten Fälle als evident, die sich verifizieren lassen, sei es durch überprüfte Aussagen von Menschen, die eine NTE gemacht haben und im Koma lagen, oder durch Zeugen, die ein Erlebnis geteilt haben oder bestätigen können, durch Beobachtungen Außenstehender am Sterbebett oder durch Informationen, die von den Verstorbenen ausgehen und den Empfängern zu diesem Zeitpunkt noch unbekannt sind. Auf das Phänomen, dass der Tod der erscheinenden Person den Perzipienten zu diesem Zeitpunkt noch unbekannt ist, wurde vielfach in einschlägigen Werken[229] hingewiesen. Es kommt in Träumen wie im Wachzustand vor.

Zu den größten Herausforderungen im Rahmen von Begegnungen mit Toten zählen diejenigen Erfahrungen, in denen eine unbekannte Person erscheint, die eine verifizierbare Information überbringt, von der die betroffene Person bis dato nichts wusste und wissen konnte. Beginnen wir mit einem Beispiel, in dem ein Unbekannter einige Daten liefert, die sich als zutreffend herausstellen. Ich selbst machte diese Erfahrung in einem Traum in der Nacht zum 21. Januar 2018, in dem ich mich in einem Swimmingpool befand:

228 Siehe das in Kap. 2 erwähnte Plädoyer von Harald Walach, 2015.
229 Emil Mattiesen 1968, Bd. 1, S. 52f, der seinerseits auf Edmund Gurney verweist.

## EIN TRAUM VON EINEM FUSSBALLSPIELER IM SWIMMINGPOOL

(Erfahrung 42)

Ein junger... mir unbekannter Mann stieg gerade etwas weiter weg aus dem Schwimmbecken. Ich sah ihn deutlich, sein Gesicht, seine Haare, seine Gestalt. Er sah gesund und glücklich aus, war sympathisch und sprach sehr freundlich zu mir, erzählte, er sei Fußballer, nannte mir seinen Namen, und als er schon draußen auf der Wiese war, rief er mir noch zu, dass sein Team das Team des Jahres war. Wie so typisch für Träume, war es auch hier so, dass ich seine Worte quasi telepathisch vernahm, das heißt, ich wusste unmittelbar, was er sagte. Ich kannte seinen Namen, Thomas Lechner, und wusste, sein Team war der 1. FC Kaiserslautern. Mit diesen eindeutigen Infos im Kopf wachte ich auf.

Wie üblich schrieb ich den Traum sofort auf und setzte mich gleich an den Computer, um der Sache auf den Grund zu gehen. Den Namen hatte ich nie gehört, aber den Mann sah ich so haargenau vor mir, dass ich ihn hätte wiedererkennen können. Der Name 1. FC Kaiserslautern sagte mir zwar etwas, doch ich hatte keinen blassen Schimmer von der Geschichte des Teams.

Nach einigem Suchen – der Name Lechner ist in Österreich verbreitet, und so fand ich auch einen österreichischen Fußballer gleichen Namens – stieß ich auf einen jungen Fußballspieler in Deutschland mit Namen Thomas Lechner, der erst im Jugendteam des 1. FC Kaiserslautern spielte und dann einen Profivertrag beim 1. FCK bekam, genau in dem Jahr, in welchem der FCK den größten Erfolg eines Bundesliga-Teams in der Geschichte des deutschen Fußballs verzeichnete, als er am 9. Mai 1998 als Aufsteiger Deutscher Meister wurde.

> Was für einen Schreck bekam ich, als ich las, dass dieser junge angehende Fußball-Star fast exakt zwei Jahre später, am 4. Mai 2000, im Alter von nur einundzwanzig Jahren bei einem schweren Motorradunfall ums Leben gekommen war!
>
> (Annekatrin Puhle 2021)[230]

Auch wenn sich der Name, das Team und der sensationelle historische Erfolg des Teams nach einigem Recherchieren als richtig herausstellten, so konnte ich kein Foto des Fußballers ausfindig machen, obwohl ich mit drei Personen, die ihn kannten, einschließlich seiner Mutter, Kontakt aufnehmen konnte. Dazu hätte eine Offenheit und Bereitschaft auf deren Seite gehört, die zumindest die Möglichkeit der Aussagekraft eines solchen Traumes zulassen würde, egal welche natürliche Erklärung es dafür geben könnte.[231]

Klassische Beispiele für informative Träume betreffen Testamente, die den Träumenden mitteilen, an welchem Platz es versteckt ist oder wo sich ein zweites Testament befindet, geben wir in unserem Buch *Shakespeare's Ghosts Live.*[232] In diesen Fällen werden entscheidende Fakten in einem veränderten Bewusstsein, im Traumzustand, übermittelt. Einige Beispiele dafür finden Sie weiter unten (Kap. 21). Lassen Sie uns mit einem relativ frischen Beispielfall beginnen:

Nach dem Tod des bekannten Cambridger Forschers auf dem Gebiet der spontanen paranormalen Phänomene, Anthony Donald Cornell[233],

230 Vollständiger Bericht in Puhle 2021, S. 230-231.

231 In solchen Fällen lohnte es sich, die Erscheinung zu zeichnen oder zu skizzieren, wobei eine Verifizierung von der jeweiligen zeichnerischen Begabung abhängt.

232 Puhle & Parker-Reed 2017, Shakespeare's Ghosts Live, From Shakespeare's Ghosts to Psychical Research, Kap. 5, S. 88-169.

233 Anthony Cornell (1924-2010) ist Co-Autor des Klassikers Poltergeists von Alan Gauld. Cornells Investigating the Paranormal ist die Frucht seiner gut 50-jährigen Forschung.

hatte der Londoner Astrophysiker und Kosmologe Bernhard Carr[234] einen Traum, den er umgehend veröffentlichte. Bernard Carr war ein guter Freund von Tony Cornell und ist wie er eine Koryphäe hinsichtlich seiner Arbeit im Rahmen der *Society for Psychical Research.* Er wusste um Tony Cornells tödliche Diagnose, weshalb er seine Rückkehr nach England vorverlegt hatte. Doch er kam zu spät, wenige Tage nach Tonys Tod:

**BERNHARD CARRS TRAUM VON TONY CORNELLS TESTAMENT**

(Erfahrung 43)

Am Abend nach seinem Tod (als ich gerade von Thailand nach Japan zurückkehrte) machte ich eine dieser hypnagogen Erfahrungen am Rande des Schlafes, die ich in jungen Jahren gelegentlich machte, heutzutage jedoch sehr selten. Dabei spürte ich eine Präsenz und hörte eine Männerstimme an der Seite meines Bettes. Ich konnte die Worte nicht genau hören, und ich habe die Erfahrung nicht einmal mit Tony assoziiert, vielleicht weil die Stimme zu tief war und ich einen Jetlag hatte, und so sagte ich der ›Person‹ nur, sie sollte weggehen. Kurz danach schlief ich ein und hatte einen ›normalen‹ Traum von Tony, in dem er in seinem Auto war und von seinem Testament erzählte. Es überraschte mich nicht, dass ich von Tonys Testament geträumt habe (ich bin einer seiner Testamentsvollstrecker), aber ich konnte nicht ausmachen, warum ich von ihm in seinem Auto geträumt hatte. Tatsächlich war ich so verwundert, dass ich es am nächsten Morgen in einer E-Mail an Alan Gauld[235]

---

234 B. Carr ist Professor für Mathematik und Astronomie, Queen Mary University of London; er war der erste Doktorand von Stephen Hawking, später Präsident der Society for Psychical Research (SPR), London, und ist Direktor des Scientific and Medical Network (SMN), UK.

235 Alan Gauld ist ein britischer Psychologe und Philosoph, ehemaliger Präsident der Society for Psychical Research, der u. a. mit Tony Cornell den Klassiker *Poltergeists* (1979) verfasste.

erwähnte. Seltsam genug, Alan Gauld hatte ebenfalls einen Traum von Tonys Auto eine Nacht nach mir. Ich vermute, dass könnte durch meine E-Mail ausgelöst worden sein, obwohl er behauptet, diesen Teil meiner E-Mail zu jener Zeit nicht registriert zu haben. Er träumte, dass sich zwei Personen um einen Parkplatz stritten, der für Tony reserviert war.

Wenige Tage später, nach meiner Rückkehr nach England, besuchte ich Alison (Tony Cornells Frau) und war beeindruckt, als sie mir erzählte, dass Tony sein Testament im Auto versteckt hatte. Wir gingen dann zum Auto und entdeckten, dass es hinter der Sonnenblende des Beifahrersitzes versteckt war. Ich hatte Alison nichts von meinem Traum erzählt, und ich wusste davor nichts von dem Versteck des Testaments.

(Bernard Carr 2010)[236]

Zeitlich viel weiter zurück führt uns der nächste Fall, den Zoe Richmond berichtet:

### ALEXANDER SCORDELLIS RÜCKKEHR

(Erfahrung 44)

Im August 1912 brachte ich Alexander Scordelli, meinen Neffen, in das Britchany Zmestvo Hospital, wo sein Zustand von den Ärzten als hoffnungslos diagnostiziert wurde... Er dankte mir beim Abschied für alles und bat mich, seine Tochter nicht zu vergessen, wohl aus der Ahnung heraus, dass er mich nicht wiedersehen würde... Zwei Monate später... rief mich ein Arzt vom Britchany Hospital an: »Der arme Scordelli ist soeben verstorben.« Dichter Schlamm und eine Krankheit erlaubten mir nicht, zwanzig Wersts[237] (13 Meilen) zu seiner Beerdigung zurückzulegen.

236 Carr 2010, Journal of the Society for Psychical Research 73, 3, S. 215-216.
237 Russische Längeneinheit.

Zwei Monate später... reiste ich geschäftlich nach Kishiney und machte auf dem Weg für einen Tages Halt in Beltzy, Bessarabien. Ich übernachtete in demselben Inn wie gewöhnlich, ging zu Bett zur üblichen Zeit, konnte aber, als ich das Licht im Zimmer ausgeschaltet hatte, wegen des Lärms des Dienstpersonals, das auf dem Gang hin und her lief, der elektrischen Klingeln und des Geräusches eines elektrischen Licht-Schafts nicht sofort einschlafen. Wie es mir schien, fing ich an, beim Einschlafen langsam das Bewusstsein zu verlieren. Dann nahm ich plötzlich unter allen anderen Geräuschen auf dem Gang deutlich das charakteristische Schlurfen von Pantoffeln wahr, als ob ein Mann mit schwachem Schritt auf meine Zimmertür zukam. Als diese Schritte vor meiner Tür, die ich abgeschlossen hatte, Halt machten, fühlte und wusste ich, dass der Besucher kein anderer als der verstorbene Alexander Scordelli war. Mich packte die Angst, und ich deckte mich mitsamt dem Kopf mit der Tagesdecke zu. Dann hörte ich, wie er die Türklinke griff, sie herunterzudrücken begann und dabei sagte: ›Mach auf, Onkel, mach auf.‹ Als ich auf seine Bitte nicht reagierte, sagte er: ›Denkst du nicht, ich könnte durch die Tür kommen?‹ Erschrocken über diese Möglichkeit und mit einiger Anstrengung fragte ich ihn: ›Was willst du von mir? Sprich!‹ Und dann kam die Antwort: ›Leg mich anständig hin; der Sarg ist klein, der Sarg ist kurz.‹ Nachdem er die Worte zweimal mit einer schon dumpfen und schwachen Stimme wiederholt hatte, ging er langsam weg, wobei seine Pantoffeln immer noch schlurften. Im Mai 1913 (das nächste Jahr) ergab es sich, dass ich geschäftlich nach Britchany fuhr, die Gemeinde, in der Scordelli vor einem halben Jahr verstorben war. Eine Frau wartete auf mich in meinem Zimmer (im Inn), deren Gesicht ich zu kennen schien, aber ohne zu wissen, wo ich sie gesehen hatte. Als sie das bemerkte, fragte sie: ›Sir, Sie erkennen mich vermutlich nicht? Ich war die Stationsschwester im Hospital, als Sie den nun verstorbenen Scordelli dort einlieferten.‹ Da ich das Gefühl hatte, vielleicht etwas Interessantes von ihrer Verbindung mit der Beltzy-Erscheinung zu erfahren, bat ich sie, mir zu erzählen, wie er starb. ›Also er starb, als ich zu ihm kam (buchstäblich: »auf meinen Armen«). Ich zündete die Kerze für ihn an, ich wusch seinen Körper nach seinem Tod und ging zu seiner Beerdigung. Sie beerdigten ihn in seiner neuen Kleidung und mit den Pantoffeln, da es bereits schwierig war, ihm Stiefel anzuziehen. Eine Sache war schlecht: Man hatte keinen speziellen Sarg bestellt, und er wurde in einen Hospital-Sarg gelegt, wie man ihn für Notfälle hat. Also der Sarg stellte sich als so eng und kurz heraus, dass beim Hineinlegen seine Knochen brachen…‹

(M. Platon Biberi 1930)[238]

Wilhelm Moufangs deutsche Ausgabe der Originalausgabe von William Oliver Stevens *The Mystery of Dreams* (1949), *Mysterium der Träume* (1953), ist eine revidierte und erweiterte Version. Etwa die Hälfte der Fälle stammt von Stevens, während Moufang die andere Hälfte beitrug. Die deutsche Fassung schließt zwei Testament-Fälle ein, in denen Träume die notwendigen Informationen liefern, ganz ähnlich wie der wohlbekannte Testament-Fall Chaffin.[239] Leider werden keine Jahresangaben gemacht, und die Quelle für den zweiten Fall wird in der verfügbaren deutschen Version nicht erwähnt.

238 Aus einem Brief von M. Platon Biberi vom 10. Februar 1930, Journal of the Society for Psychical Research 26, S. 96; zitiert nach Richmond 1938: Evidence of Purpose, S. 32-34.

239 Siehe unten Erfahrung 48.

## DAS TESTAMENT DES GROSSVATERS (EIN BEITRAG VON MOUFANG)

(Erfahrung 45)

Der Fall betrifft Charles Clarence Batcheldor, einen Orientalisten, der unter anderem mit William James zusammengearbeitet hat, und zwar geht es hier um das nicht ganz faire Testament seines Großvaters. Doch dann hörte Batcheldor im Schlaf die eindringliche Stimme seines verstorbenen Großvaters, der ruhelos war und ihn bat, nach dem zweiten Testament, das er aufgesetzt hatte, und das gerecht war, zu suchen. Die Stimme war so laut, dass er von ihr aufgeweckt wurde. Nach langem Suchen fand Batcheldor dieses zweite Testament, das nun fair war. Niemand wusste etwas von der Existenz dieses Testamentes. Es war die Stimme der verstorbenen Person, die Batcheldor darüber informierte.

(Nach Wilhelm Moufang & William Stevens 1953)[240]

## EINE SELTSAME TESTAMENT-STORY

(Erfahrung 46)

Dieses Beispiel kommt aus Samobor in Kroatien und ereignete sich zwei Jahre zuvor, wie die Autoren sagen, also vermutlich im Jahr 1951 oder früher.

Es geht um den verstorbenen Alexander Padacic, der kein Testament hinterließ, obwohl er seiner Schwester, Fanica Padacic, gesagt hatte, dass er es getan habe und alle Hinterlassenschaften ihr vermacht habe. Fanica hatte dann zwei Träume, in denen ihr Bruder erschien und sagte, dass sie es in einem bestimmten Mantel finden würde. Daraus entwickelte sich ein Gerichtsfall, und das Testament wurde gefunden, unterzeichnet von ihrem Bruder und

240 Moufang & Stevens 1953, Mysterium der Träume, S. 104-106; zusammengefasst von Puhle.

zwei Zeugen, die mittlerweile auch verstorben waren. Das Gericht eröffnete daraufhin einen neuen Prozess.

(Nach Wilhelm Moufang & William Stevens 1953)[241]

Bei unserer Durchsicht von vielen Hunderten historischer Geisterberichte in wissenschaftlichen Büchern aus England, Schottland, Irland, Wales und Cornwall, die im Trinity College in Cambridge bis zum Erscheingungsjahr 1900 und in der Bibliothek *Society for Psychical Research* in London ab dem Jahr 1900 aufbewahrt sind, stießen wir auf viele weitere Typen von Fällen, in denen wertvolle Informationen durch Kontakte mit Verstorbenen vermittelt wurden. So konnten vermisste Objekte gefunden und Verbrechen aufgeklärt werden[242] und vieles mehr. Die verifizierten Informationen wurden zum Teil im Traum vermittelt. Vier Beispiele spielen in den letzten vier Jahrhunderten[243]:

- Ein Geist mit Musik (17. Jhd.)[244]
- Der unbekleidete Geist oder Ein englischer Geist, der Gälisch sprach (18. Jhd.)[245]
- Der portugiesische Münzentest (19. Jhd.)[246]
- Finding the Body of Police-Constable Egleton[247] (20. Jhd.)

---

241 A. a. O., S. 107-108; zusammengefasst von Puhle.

242 Siehe den Fall der am 11.2.1983 ermordeten Jacqueline Poole, die über ein Medium Daten über ihren Mörder kommunizierte in: Puhle 2009, S. 82-85.

243 Puhle 2009; Puhle & Parker-Reed 2017.

244 Puhle 2009, Kategorie X, Fall 29, S. 175-177; Puhle & Parker-Reed 2017, siehe case 28, The Ghost of Mr Watkinson or A Ghost With Music, S. 158-159.

245 Puhle 2009, Kategorie V, Fall 18, S. 142-149; Puhle & Parker-Reed 2017, siehe case 17, The Ghost of Sergeant Davis or An English Ghost Who spoke Gaelic, S. 130-136.

246 Puhle 2009, Kategorie I, Fall 3, S. 105-109; Puhle & Parker-Reed 2017, case 3, The Ghost of Mr R-d Senior or The Portuguese Coin Test, S. 98-100.

247 Puhle & Parker-Reed, S. 188-192.

Wir wollen hier den jüngsten dieser klassischen Fälle unter die Lupe nehmen:

### Wie der Körper von Polizeiinspektor Egleton gefunden wurde

Der modernste, eine Information enthaltende Fall aus unserer Sammlung handelt von einem Traum, der dazu führte, die Leiche einer vermissten Person aufzufinden. Es war ein ungewöhnlich gut dokumentierter Traum, der die Entdeckung der Leiche des vermissten englischen Polizeiinspektors Egleton einleitete. Der fünfundvierzigjährige Egleton war am 4. Januar 1902 verschwunden. Der Vorfall wurde in einem Zeitungsartikel berichtet, der mit einem Brief vom 11. Januar 1902 an die SPR von H. P. Gurney (vom Durham College of Science in Newcastle upon Tyne) geschickt wurde. Darin hieß es, dass Egletons Leiche am Tag zuvor gefunden wurde, am 10. Januar. James Blunt, der sie fand, behauptete, Anweisungen über den Ort in einem Traum erhalten zu haben, den er in der Nacht des 8.1. hatte. Der Fall wurde von einem Mitarbeiter der SPR, W. M. Thornton, gründlich untersucht und erstmals in den *Proceedings of the SPR* (10, S. 298) veröffentlicht; dann von Richmond (1938, Fall X, S. 34-39) und kürzlich auch von Adrian Parker und mir.[248] Dies sind die Worte von W. M. Thornton:

**(ERFAHRUNG 47)**

In der vergangenen Sonnabend-Nacht vom 4. Januar verschwand plötzlich der Polizeiinspektor Egleton, der in New Lambton, Co. Durham, stationiert war. Zuletzt wurde er gegen elf Uhr von seinem Sergeant gesehen. Der letzte, der ein Wirtshaus betreten hatte, um zu sehen, dass alles in Ordnung war, stellte beim Verlassen eine Minute später fest, dass Egleton gegangen war. Als er in dieser Nacht nicht

248 Puhle & Parker-Reed 2017, S. 188-192.

nach Hause zurückkehrte, wurden Suchtruppen ausgesandt, und in den nächsten vier Tagen wurde der ganze Bezirk sehr gründlich untersucht, doch es konnte keine Spur von ihm gefunden werden. Etwa dreißig oder vierzig Constables halfen bei der Suche. Am Donnerstagmorgen erzählte James Blunt, ein Handwerker an den Koksöfen der Zeche Lambton, zuerst seinem Sohn, dann einem Mr. Key und danach mehreren Leuten zusammen, dass er geträumt hatte, wo Egleton war, dass er in dem Bach ertrunken war, der durch einen kleinen Wald unweit des Dorfes lief. Am Donnerstagmittag ging er allein und fand ihn, drei Männer, die ihm folgten, kamen rechtzeitig an, um zu sehen, wie er versuchte, den Körper herauszuheben. Die Polizei und Freunde wurden informiert, und die Sache erregte große Aufmerksamkeit in der Nachbarschaft. Ich ging zu Blunt und denen, die mit dem Traum verbunden waren, und fand ihn im Bett, aber er zeigte größtes Interesse und erzählte mir im Sitzen den Fall, den ich notierte, und er unterschrieb. Wie Sie sehen werden, haben die anderen, denen er den Traum erzählt hat, auch Erklärungen in diesem Sinne unterzeichnet. Ich kann sagen, dass Blunt, da ich viel Erfahrung mit Arbeitern hatte, mir absolut geradlinig erschien, und es gab nicht das geringste Zeichen von Selbstüberhöhung bei denen, mit denen ich sprach.

W. M. THORNTON.

(Annekatrin Puhle & Adrian Parker-Reed 2017)[249]

Und so lautet der Bericht von James Blunt:

(Zu Erfahrung 47)
Irgendwann mitten in der Nacht des 8. Januar, bevor der Anrufer vorbeikam, träumte ich, dass ich den Bach durch Brecon Hill Wood

249 Puhle & Parker-Reed 2017, S. 189-190.

laufen sah, und in dem Bach lag P.-C. Egleton mit dem Kopf auf einem Baumstumpf, und ich sah ihn im Traum in zwei Fuß (61 cm) tiefem Wasser liegen. Als ich wieder aufwachte und um fünf Uhr hinausging, ging ich zur Arbeit zu den Koksöfen, und gegen sieben Uhr erzählte ich meinem Sohn George von dem Traum. Mr. Key, der die Öfen aufrichtet, kam gegen zehn Uhr, und ich sagte zu ihm: »Mr. Key, ich möchte diesen Rechen ausleihen.« Er sagte: »Wofür?« Ich sagte: »Ich weiß, wo Egleton ist. Ich sah ihn in meinem Traum.« Er lachte und wandte sich ab. Als ich um halb zwei von der Arbeit zurückkam, erzählte ich es ihnen im Haus. Da waren meine Frau, meine Tochter und ihr Mann anwesend. Nach dem Mittagessen ging ich sofort dorthin, wohin mich der Traum geführt hatte, und als ich an den Ort gelangte, den ich im Traum sah, nahm ich einen Pfahl vom Ufer und suchte damit im Bach nach ihm. Die ersten beiden Male berührte ich den Boden, und das dritte Mal stach ich ihn an. Es war ungefähr sechs Fuß (1,82m) von dem Ort entfernt, an dem ich es zum ersten Mal versuchte. Mein Schwiegersohn James Bell und sein Bruder Harrison Bell waren mir mit William Brown gefolgt; sie trafen sich auf dem Weg. Ich hatte ihn zweimal hochgezogen, bevor sie kamen, konnte ihn aber nicht herausholen. Sie lachten und sagten: »Es ist ein Hund, den du da hast«, fanden aber heraus, dass es nicht so war, und halfen mir, ihn herauszuheben und zum Ufer zu tragen. Dann ging ich weg, um es den Freunden zu erzählen, und sie nahmen ihn mit nach Hause.

(Puhle & Parker-Reed 2017)[250]

Mehrere Zeugen, darunter Familienmitglieder Blunts und sein Vorarbeiter, gaben ihm unterschriebene Zeugenaussagen, in denen er den Traum erzählte und dass er vorher stattgefunden hatte. Die Untersu-

250 A. a. O., S. 188-192.

chung des Falles führte nicht zur Aufklärung der Ursache für Egletons Tod, ob er in den Fluss gefallen war oder ermordet wurde. Aber es war klar, dass Blunt, der ein enger Freund von Egleton war, als Verdächtiger ausgeschlossen werden konnte.

Der nächste, wohlbekannte Fall kann wie folgt zusammengefasst werden:

**DER TESTAMENT-FALL CHAFFIN**

(Erfahrung 48)

Der Fall betrifft ein Gerichtsverfahren über das Testament einer verstorbenen Person. James Pinkney Chaffin, einer der vier Söhne des Bauern James L. Chaffin in North Carolina, hatte ein zweites Testament seines Vaters gefunden, unterzeichnet am 16. Januar 1919, dessen Aufbewahrungsort ihm in einer Reihe lebhafter Träume seines Vaters mitgeteilt worden sein soll und das sich als das einzig gültige erwies, da es handschriftlich verfasst war. Das erste Testament von 1905 hatte ausschließlich den ältesten Sohn Marshall zum Erben erklärt, und als der Vater am 7. September 1921 starb, waren die Farm und das Vermögen an Marshall gegangen. Dank der Erscheinungen des verstorbenen Vaters in Träumen oder traumbezogenen Zuständen an James Pinkneys Bett wurde dieses zweite Testament aufgefunden. Die Erscheinung des Vaters hatte auf den Ort hingewiesen, an dem er das zweite Testament aufbewahrt hatte: In der Tasche seines schwarzen Mantels, versteckt in der Bibel auf der Seite von Genesis 27. Nach diesem Testament sollte der Besitz an alle vier Söhne verteilt werden, unter der Auflage, für ihre Mutter, die Frau ihres Vaters, zu sorgen. Der Fall klingt beweiskräftig, aber die Echtheit der Unterschrift bleibt umstritten.

(Puhle & Parker Reed 2017, S. 177-178; siehe auch Charman 2013; Myers 1903).

Das nächste Fallbeispiel, in dem eine Information übermittelt wurde, stammt aus Dr. Sally Rhine Feathers Buch *The Gift* und wurde ihr von Jim McClenon mitgeteilt. Es betrifft eine Erfahrung in der hypnopompen Phase und ereignete sich im Zusammenhang mit einem Disput um das Sorgerecht für die Kinder von Priscilla, die kurz vor ihrem Tod darum gebeten hatte, dass es ihrem Mann nicht gestattet sein solle, ihre Kinder großzuziehen. Ihre Schwägerin beschrieb ihre visuell-auditive Halluzination kurz nach Priscillas Tod.

### EIN INFORMATIVER TRAUM SCHÜTZT MEINE KINDER

(Erfahrung 49)

Eines Nachts wurde ich von einer sanften und leisen Stimme geweckt, die meinen Namen rief. Als ich meine Augen öffnete, war Priscilla am Fußende meines Bettes. Alles, was ich sehen konnte, war ihr Gesicht und das lange Kleid in Pink, in dem sie beigesetzt wurde. Sie schwebte in der Luft. Sie hatte einen sehr besorgten Gesichtsausdruck.

Sie erzählte mir, dass ich zum Haus gehen, in dem sie gewohnt hatte, unter ihr Bett in eine Kiste gucken und die Briefe, die darin waren, herausnehmen solle. Nachdem sie mir das gesagt hatte, verschwand sie.

Am nächsten Morgen erzählte ich meinem Mann, was geschehen war. Wir gingen ins Haus und schauten in die Kiste, und tatsächlich, da waren die Briefe. Anscheinend war Priscilla die Einzige, die von den Briefen wusste. Die Briefe enthielten Beweise, die uns dabei halfen, den Prozess um das Sorgerecht zu gewinnen.

(Sally Rhine Feather 2005)[251]

251 Rhine Feather (mit Schmicker) 2005, The Gift. The Extraordinary Paranormal Experiences of Ordinary People, S. 259-260.

Im Frühjahr 1994 kam meine ehemalige Studienfreundin Sakiko Kitagawa[252], inzwischen Professorin für Philosophie an der Tokyo University, aus Japan zurück nach Berlin, wo wir gemeinsam Philosophie studiert hatten. Sie lud mich ein, an ihrem Gastseminar über den renommierten japanischen Philosophen Kitarō Nishida im Wintersemester 1994-1995 an der Humboldt-Universität teilzunehmen. Es handelte von seinem Werk *Zen no Kenkuy* von 1911[253], das von dem Guten und der ›reinen Erfahrung‹ handelt und in dem Ideen von William James, Henri Bergson und den christlichen Mystikern aufgegriffen werden. Ich konnte nicht viel zum Thema beitragen, bis ich in der Nacht zum 6. November 1994 einen informativen Traum hatte. Dies geschah drei Tage nach striktem Fasten mit Wasser und Kräutertee und während einer Zeit, in der ich täglich lange meditierte. Der intensive Traum war kurz:

**LUCULLUS UND AVENARIUS**

(Erfahrung 50)
Ich sitze im Bus. Ein mittelalter, etwas rundlicher Mann mit leicht glänzenden schwarzen Haaren setzt sich links neben mich und erzählt mir, dass er jetzt zu einem vorzüglichen Essen geht. Er spricht von einem »Avarius«, und ich sage, dass ich ihn kenne. Beim Wachwerden fällt mir ein, dass ich dabei an Lukullus, den Feinschmecker (Lucullus, 1./2. Jhd. v. Chr.), gedacht habe, als ich sagte, dass ich ihn kenne, und dass der Name eher wie »Avenarius« und nicht »Avarius« klang.

(Annekatrin Puhle, Traumtagebuch, Berlin, Nacht zum 6. November 1994)

Ich war mir im Klaren darüber, dass Namen in Träumen selten *keine* Bedeutung haben, doch der Name Avenarius sagte mir nichts. Ich

252 Sakiko Kitagawa (1952-2011).
253 Kitarō Nishida 1989, Über das Gute.

schlug mein Philosophisches Wörterbuch[254] auf und entdeckte den Philosophen Richard Avenarius (1843-1896). Theoretisch könnte ich seinen Namen darin früher gesehen haben, so wie manche Menschen ganze Seiten beim Überfliegen »kopieren« können und im Unterbewussten speichern, aber ich habe gewiss niemals das gesamte Wörterbuch Wort für Wort gelesen. Außerdem ist diese seltene Gabe nur von Kindern bekannt, während bei Erwachsenen ein langes Training dafür nötig ist. Richard Avenarius hat das zweibändige Werk »Die Kritik der reinen Erfahrung« (1888/90) verfasst. Meine japanische Freundin war positiv überrascht, denn sie kannte es nicht, und es sollte relevant für ihre Arbeit über Nishida werden.

Fast zwei Jahre danach, im September 1996, startete ich im Auftrag des Freiburger *Instituts für Grenzgebiete der Psychologie und Psychohygiene* (IGPP) das Projekt »Kulturhistorische Aspekte von Geister-Erscheinungen und Poltergeistfällen im deutschsprachigen Raum in der Goethe-Zeit«. Das hieß, ich reiste für meine Recherchen die folgenden viereinhalb Jahre zu einschlägigen historisch orientierten Bibliotheken in Deutschland und Österreich, auch zu bedeutenden Klosterbibliotheken wie jener im Stift Melk. Ich begann mit der weltberühmten Herzog August Bibliothek in Wolfenbüttel und lernte dort Susanne kennen, eine Forscherin aus Heidelberg. Wir tauschten uns über unsere Projekte aus, und als sie von meinem Projekt erfuhr, erzählte sie mir von einem Historiker aus ihrer Geburtsstadt Braubach, Dr. Wilhelm Avenarius, der ein Buch über Geister-Erscheinungen auf deutschen Burgen und Schlössern[255] geschrieben hatte.

Braubach ist eine Nachbarstadt von Lahnstein, wo die *Gesellschaft für Gesundheitsberatung* (GGB e. V.) sitzt, bei der ich meine Ausbildung zur Gesundheitsberaterin mit Schwerpunkt Ernährung absolviert

254 19. Auflage von Schischkoff, 1974.

255 Wilhelm Avenarius 1984, Rund um die weiße Frau – Erscheinungen einer weißen Frau sind ein aus vielen europäischen Ländern überliefertes Geister-Phänomen.

hatte. Dies hatte ebenfalls eine Verbindung zum Traum, da der Mann im Bus auf dem Weg zu einem Gourmet-Dinner war – die GGB ist mein Lieblingsplatz für köstliches Essen. Weitere Koinzidenzen kamen hinzu. Als ich schließlich meiner Freundin Susanne aus Braubach meinen Traum anvertraute, erinnerte sie sich, dass sie als Kind oft im Bus neben Herrn Avenarius gesessen hatte, wenn sie kleine Touren ins Elsass unternahmen, in die zauberhafte Gegend an der deutsch-französischen Grenze, die berühmt für ihre Küche ist.

Der Traum kam mir, wie schon gesagt, in einer konsequenten Fastenzeit.[256] Ein weiterer Teil der Gesundheitspflege ist ein frischer Vollkorngetreidebrei, den ich am liebsten mit Hafer zubereite, und mir fiel auf, dass der Name Avenarius die latinisierte Form von »Hafermann« ist. Es war mir schnell klar, dass ich Herrn Dr. Avenarius persönlich kennenlernen musste, was ich schließlich tat. Aus der Begegnung entwickelte sich eine Freundschaft, die bis zu seinem Tod anhielt. Der Kreis von Koinzidenzen schloss sich, nachdem mir Wilhelm Avenarius erzählte, dass er mit dem Philosophen Richard Avenarius verwandt sei – so dachte ich. Doch es ging weiter: Wilhelm Avenarius rief mich an, kurz bevor ich mein Manuskript zum vierbändigen Buch *Mit Goethe durch die Welt der Geister*[257] an den Verlag schicken wollte. Er teilte mir mit, dass er in einer Goethe-Jubiläumsausgabe einen Traum gefunden hatte, den Goethes enger Vertrauter und Schreiber Johann Peter Eckermann Jahre nach Goethes Tod von ihm hatte. Eckermann befand sich in diesem präluziden Traum in Goethes Haus am Frauenplan, und als er seinen alten Freund Goethe dort frisch und munter antraf, war er bass erstaunt und fragte ihn, wie das denn käme, denn die Leute meinten, er sei tot. Goethe gab ihm zur Antwort, er solle die

256 Regelmäßiges Fasten mit Wasser und ungesüßtem Kräutertee gehört zur Pflege der Gesundheit. Von den Druiden wird Fasten als Auslöser präkognitiver Träume überliefert.

257 Puhle 2019.

Leute nur reden lassen. Er und tot? Nein, auf Reisen wäre er gewesen, letztes Jahr in Schweden. Obwohl Goethe viel und weit gereist ist, war er niemals – zu Lebzeiten – in Schweden. Aber ich befand mich in Schweden zu der Zeit, als der Anruf von Herrn Dr. Avenarius kam, und zwar in *Goete*borg.

Der Hinweis auf den Namen Avenarius entpuppte sich als mehr als ein amüsanter und sinnträchtiger Reigen von Koinzidenzen. Er schenkte sowohl meiner japanischen Freundin als auch mir intellektuelle Inspiration. William James war Sakikos Lieblingsphilosoph bzw. -psychologe, und James kannte tatsächlich Richard Avenarius und aller Wahrscheinlichkeit nach auch dessen Werk über die ›reine Erfahrung‹. Eine ähnliche Verbindung zu Richard Avenarius hatte auch der Physiker Erwin Schrödinger, dessen Sicht des Bewusstseins als des Primären im Universum bis heute von großem Wert und Interesse für die Erforschung paranormaler Spontanphänomene ist.

Runden wir das Kapitel mit einem anderthalbtausend Jahre alten Traum ab, der aus Sicht der heutigen Forschung nicht absurd erscheint:

Augustinus beschreibt in einem Brief den Traum des mit ihm befreundeten Arztes Gennadius[258], in dem diesem ein wunderschöner weiß gekleideter Jüngling im himmlischen Glanz erscheint und ihn traumhaft schöne Musik hören lässt, worüber der Arzt erwacht. Am nächsten Tag verwirft der Arzt die Erscheinung als bloßen Traum. In der folgenden Nacht wiederholt sich die Erscheinung, doch diesmal macht der Jüngling dem Träumer bewusst, dass er gerade in seinem Bett liege, die Augen geschlossen habe und träume. Der Jüngling fragt den Träumer, ob er ihn sehe. Der Träumer bejaht es, und der Jüngling fragt weiter, mit welchen Augen er ihn sehe und beantwortet seine Fra-

258 Gennadius (5. Jhd.) war Arzt im nordafrikanischen Karthago.

ge selbst, indem er ihm erklärt, dass diese Augen das Leben seien und auch nach dem Tod wahrnehmen.[259] Die Antwort stellt die Konsensus-Realität in ein blasses Licht.

## 21. Können alle eine Erfahrung dieser Art machen?

Ja, das können alle, auch Sie. Selbst wenn Sie keinen Stress haben, nicht krank sind, auch keine NTE hatten und weder Witwe noch Witwer sind, von denen am häufigsten berichtet wird, dass sie ihren geliebten Verstorbenen begegnen, ist das in vielen anderen Lebenssituationen möglich.

Wann und wie geschieht das? Statistisch gesehen, passiert es außergewöhnlich oft in den ersten vierundzwanzig Stunden nach dem Tod, aber auch nach zehn oder mehr Jahren kommt es vor. Die Häufigkeit der Fälle am ersten Tag ist sehr ungewöhnlich, da sie vielmehr gleichmäßig über 365 Tage verteilt sein sollten. Was bedeutet das? Ist das ein Ergebnis der akuten Trauer? Wohl nicht, denn oft wissen die Perzipienten nicht einmal von dem Tod und hatten auch keine Ahnung von einem bevorstehenden Tod. Aus der Studienlage lässt sich viel eher folgern, dass die Verstorbenen in irgendeiner Weise existieren müssen und motiviert sind, einen Kontakt zustande kommen zu lassen.[260]

Am häufigsten werden Verstorbene im Traum oder traumähnlichen Zustand wie beim Einschlafen oder Aufwachen wahrgenommen. Im Wachen ist eine Begegnung mit Verstorbenen zwar ebenso möglich, aber leichter noch ist es in einem veränderten Bewusstseinszustand, den wir nicht unter Kontrolle haben. In welchen Lebenslagen und Si-

259 Vgl. Daniel Dick 2011, Eine Synthese des phänomenologischen Bewusstseins; Pfarrer Marc Haessig bespricht den Traum detailliert und vergleicht ihn mit Hiob 19, 19-27, Judika 2021, Memmingen: https://www.selk-memmingen.de/files/210321.pdf.

260 Haraldsson 2012, S. 232.

tuationen Begegnungen mit geliebten Toten am besten möglich sind, wurde oben vielfach geschildert.

Eine andere, nicht allzu häufige Möglichkeit, Verstorbenen zu begegnen, ist die spontane Gemeinsame Erfahrung. Das kann sein, wenn ein Ihnen verbundener Mensch einen Unfall hat, plötzlich verstirbt oder im Sterben liegt und Sie seine Erfahrung teilen. Diese Gemeinsamen Erfahrungen können sowohl im Wachen als auch im Traum oder noch anderen schlafbezogenen und veränderten Bewusstseinszuständen vorkommen.

Erscheinungen von Menschen, die als Lebende wahrgenommen werden, tatsächlich aber verstorben sind, können ebenso prinzipiell jedem widerfahren, sogar wenn er die verstorbene Person gar nicht kannte – so geschehen auf der Tagung der *CFPSS* im September 2006 in Exeter im St. Luke's College, bei der ich sowie Penny Sartori zugegen waren. Es war das Buch *On the Turn of the Tide* von Diana Fynn, das Penny dort erwarb, nach der Tagung las und dann einen Vorfall der besagten Art ans Licht brachte:

### DER VERSTORBENE TAGUNGSBESUCHER

(Erfahrung 51)

... es gibt noch etwas anderes, das mir erst auffiel, als ich mich dem Ende Ihres Buches näherte. Sofort als ich nach Hause kam, blätterte ich durch das Buch und schaute mir die Fotos an. Ich erkannte Sie [Diana Fynn] gleich und... auch James Smeall... von der Konferenz. Bevor ich meinen Vortrag hielt, sah ich ihn vor mir allein zwischen anderen Konferenzteilnehmern gehen, dann sah ich ihn nach meiner Präsentation wieder allein, als ich zum Kaffeeraum ging. Ich sah ihn an, nickte, lächelte ihn an und sagte »Hallo«, und er lächelte zurück und nickte. Er sah ganz normal aus und trug helle Hosen und ein weißes Hemd und vielleicht eine beigefarbene oder helle Jacke, und seine Schultern waren wie auf dem Foto

> gebeugt. Ich hatte keine Ahnung, dass er gestorben war, bis ich zu diesem Kapitel in Ihrem Buch kam. Ich schaute mir sein Foto noch einmal an, um sicherzustellen, dass ich ihn nicht mit jemand anderem verwechselt hatte.
> … Vielleicht gibt es eine vollkommen rationale Erklärung, und ich habe nur jemanden gesehen, der James sehr ähnlich war. Ich finde es nur rätselhaft, warum ich James auf seinem Foto sofort erkannte und nichts Ungewöhnliches dabei fand, bis ich die Kapitel über ihn in Ihrem Buch las, in denen erzählt wurde, dass er 1999 gestorben ist.
>
> (Penny Sartori)[261]

Im Unterschied zu diesen spontanen Erfahrungen bieten sich etliche Wege an, aktiv den Kontakt mit geliebten Verstorbenen aufzunehmen – ohne dass Sie dafür ein Medium sein oder aufsuchen müssen. Eine gute und einfache Möglichkeit ist, einen Brief an die betreffende Person zu schreiben. Sie können genau wie mit jedem anderen Brief verfahren und alle Ihre Gedanken und Gefühle, Wünsche oder Fragen formulieren. Legen Sie diesen Brief an eine besondere Stelle, vielleicht neben eine Kerze oder ein schönes Symbol oder einen Gegenstand, der mit einer lieben Erinnerung verknüpft ist, einem Foto etwa. Spüren Sie in der folgenden Zeit in sich hinein, vielleicht bekommen Sie einen Traum oder etwas begegnet Ihnen, das eine Antwort in sich birgt.

Die originellste und offenbar sehr wirkungsvolle Methode hat wohl der Japaner Itaru Sasaki erdacht, als er 2010 in seinem Garten eine nicht an das Netz angeschlossene Telefonzelle aufstellte, aus der Idee heraus, auf diese Weise sinnbildlich einen Draht zu seinem verstorbenen Cousin herzustellen und ihm seine Gedanken im Wind zu senden.

261 In: Diana Fynn: Letter to the Editor, Christian Parapsychologist, Dez. 2006, 17, 4, S. 126f.

Erst ein Jahr später sollten Tausende von Trauernden diese »Telefonzelle der Winde« nutzen können, um mit ihren vermissten geliebten Toten Kontakt aufzunehmen. Und das ist kein Scherz, sondern die traurige Folge von zwei heftigen Reaktionen der Natur, einem Tsunami und einem Erdbeben, die über fünfzehntausend Menschen das Leben gekostet haben. Allein in der Stadt Otsuchi am Pazifischen Ozean wurde ein Zehntel seiner Bewohner durch die Doppel-Katastrophe vernichtet. Inzwischen ist das etwas außerhalb der Stadt gelegene Windtelefon, das *Kaze no Denva*, ein Magnet für Pilger geworden, die Gebrauch von diesem so wundersamen wie effektiven Kontaktanschluss in das Jenseits machen wollen. Die Idee hat sich wie eine Woge über die Welt verbreitet und ist von anderen Ländern adaptiert worden. Doch wie funktioniert dieser Anschluss? Ganz einfach lautet die Anweisung in der Zelle: Schließen Sie die Augen und hören zu. Sobald Sie den Klang des Windes, der Wellen und der Vögel vernehmen, sagen Sie, was Ihnen in den Sinn kommt.[262]

Die allereinfachste Weise, sich mit einem geliebten Menschen in der anderen Welt zu verbinden, ist der bloße innige und liebevolle Gedanke an jenen. Sehr trefflich hat Gustav Theodor Fechner dies in seinem Büchlein vom Leben nach dem Tod in Worte gefasst: »Denkt eines Verstorbenen nur recht, und nicht bloß der Gedanke an den Verstorbenen, der Verstorbene selbst ist im Momente da.«[263] Dabei käme es darauf an, mit welchen Gefühlen wir an die verstorbene Person denken, ob mit Liebe oder mit Hass, ob mit stärkeren oder schwäche-

262 https://www.local-lux.com/there-s-phone-booth-in-japan-where-people-can-call-dead-1424
https://lawrenceroadfire.org/phone-of-the-wind-connects-living-dead-2463
https://www.daserste.de/information/politik-weltgeschehen/weltspiegel/japan-230.html

263 M. Bertleff (Hrsg.): G. Th. Fechner. Kleinere Schriften. Vergleichende Anatomie der Engel. Das Büchlein vom Leben nach dem Tode. Wien: Karolinger, 1953, S. 63.

ren Gefühlen, denn die Toten würden es spüren. Wir können uns – und das zeigen die Erfahrungen – auch nach dem Tod mit einem Menschen versöhnen oder, laut Fechner, auch mit ihm zerstreiten. Dies steht tatsächlich im Einklang mit jahrtausendealtem Wissen, und es gilt für beide Seiten. Wenn wir nun die Toten innerlich beschwören wollen, müssen sie kommen – daher gilt Fechners Rat: »Tut's stets im besten Sinne; und sorgt nun aber auch, dass das Andenken, was ihr selber hinterlasst, euch künftig selber fromme.«[264] Einfacher gesagt: Wir sollten Lichtspuren hinterlassen. Fechner dringt noch etwas tiefer in die Zusammenhänge ein.

»Denn nicht bloß begegnen werden sich in jenem Leben [nach dem Tod] die, welche in diesem durch ein gemeinschaftliches geistige Band verknüpft waren, sondern in eins zusammengewachsen werden sie durch dies Element… Denn schon jetzt sind die Toten mit den Lebenden, wie die Lebenden selbst untereinander, durch unzählige solche gemeinschaftliche Elemente verwachsen; aber erst wenn der Tod den Knoten löst, den der Körper um die Seele jedes Lebenden zieht, wird zur Verknüpfung des Bewusstseins auch das Bewusstsein der Verknüpfung treten.«[265]

Eine weitere Möglichkeit, eine geliebte Person wiederzusehen, ist das aktive Bestreben. Und hier gibt es wiederum mehrere Möglichkeiten:

- Meditation und andere spirituelle Übungen
- Trauminkubation
- Luzides Träumen

Das aktive Bestreben zeitigt allerdings nicht unbedingt den Erfolg. Doch auf jeden Fall gehen Sie Ihrem Wunsch und Ziel damit direkt

264 Ebenda.
265 A. a. O., S. 65.

entgegen. Es ist wahrscheinlich, dass Sie sich in Geduld üben müssen und sich gleichzeitig dafür wappnen sollten, dass Sie leer ausgehen. Aber es ist den Versuch wert:

Bei Meditation ist Ausdauer geboten. Dabei kommt es nicht auf die Art der Meditation an, sondern auf die Intensität, Ernsthaftigkeit und Tiefe. Wichtig ist, sich des größeren Kontextes einer Meditation bewusst zu sein, in dem persönliche Wünsche und Sehnsüchte, wie auch die nach dem Kontakt mit einem geliebten verstorbenen Menschen, eine entsprechend kleine Rolle spielen. In der meditativen Gedankenstille verbinden wir uns mit dem universellen Netz, in das alles und alle eingebunden sind, und wenn wir ein Herzensanliegen – jenseits des Egos – haben, ist eine Reaktion, wie auch immer, wahrscheinlich oder zumindest möglich. Das Entsprechende gilt für alle spirituellen Übungen, einschließlich Gebeten. Rituale für einen bestimmten Menschen, wie der Besuch des Grabes, das Anzünden einer Kerze oder Zusammenkommen an bedeutenden Tagen sind persönlich ausgerichtet und können ebenso die Chance auf ein Zeichen oder einen Kontakt begünstigen.

Eine uralte, neu belebte, jedoch stark vereinfachte Form der Trauminkubation kann das Erscheinen der geliebten Person im Traum unterstützen. Während die Vorbereitungen für den Traumschlaf oder Tempelschlaf, der in einem Heiligtum, einem Tempel stattfand, in der Antike anspruchsvoll und anstrengend waren, können wir heute mit einfachen Hilfsmittelchen oder kleinen Ritualen den nächtlichen Besuch tagsüber leicht vorbereiten. Hier gibt es allerlei Methoden, die individuell abgestimmt werden können: Denken Sie mehrmals am Tag an die geliebte Person und sprechen in Gedanken mit ihr.

Nehmen Sie sich direkt vor dem Schlafengehen zehn bis fünfzehn Minuten Zeit, um sich mit der geliebten Person gedanklich zu verbinden. Das kann im Bett geschehen oder vor dem Schlafengehen an einem schönen Platz. Zünden Sie eine Kerze an und halten ein Erinnerungsobjekt in den Händen.

Schreiben Sie einen Brief an den Toten und formulieren Ihre Fragen, Gedanken und Wünsche darin sehr klar. Legen Sie den Brief abends neben sich ans Bett oder unter das Kopfkissen.

Legen Sie ein Foto oder einen Gegenstand, der mit der geliebten Person verbunden ist, auf den Nachtisch oder in die Nähe des Bettes oder unter das Kopfkissen.

Wiederholen Sie die kleinen Gesten und Übungen täglich und geben Sie dem Geschehen ein bis zwei Wochen Zeit.

Luzides Träumen ist die Methode der Wahl für Menschen, die gut mit ihren Träumen umgehen können, denn für sie ist es nur ein kleiner Sprung, um sich im Traum bewusst zu werden, dass sie gerade träumen. Hier rate ich, was Robert Waggoner für unsere Studie[266] empfahl, nämlich die Verstorbenen im Traum immer respektvoll zu behandeln. Wir sollten die Traumgestalten nicht als Fantasiefiguren betrachten, sondern Sie wie reale, würdige Personen im Wachleben behandeln.

Fariba Bogzaran weist im Zusammenhang mit ihrer Klartraum-Studie darauf hin, wie wichtig eine genaue, wohlüberlegte Formulierung unserer Absicht für das Ergebnis ist. Das könnte in unserem Fall, wenn wir einer bestimmten verstorbenen Person begegnen wollen, etwa so aussehen:

- Ich will xy suchen.
- Ich will xy treffen.
- Ich möchte wissen, wie es xy geht.
- Ich werde xy um eine Antwort auf die Frage xy bitten.
- Ich möchte meinen Wunsch nach einer Begegnung mit xy dem Universum anvertrauen und abwarten, was geschieht.

266 siehe Puhle & Parker 2017, Kap. 18, Abschnitt »Klarträume«.

Dieses Prinzip, die eigene Absicht oder den Wunsch sorgfältig zu formulieren, gilt für eine übliche Trauminkubation wie auch für eine Klartrauminkubation. Die Antwort wird entsprechend Ihrer Wortwahl ausfallen, und zwar aktiv oder passiv. Wenn Sie zum Beispiel im Traum eine Person suchen wollen, werden Sie im Traum suchen, suchen und suchen, aber diese Person nicht unbedingt auch finden. Sagen Sie stattdessen entschieden: »Ich will die Person wirklich treffen«, dann kann im Traum viel leichter ein Treffen zustandekommen.

Fariba Bogzaran macht im Rahmen ihrer Studie, in der es um den Kontakt mit dem Göttlichen geht, auf noch einen entscheidenden Punkt aufmerksam: Wenn Sie in der Trauminkubation eine wesentliche, existenzielle Frage an Ihren Geist, Ihren höheren Sinn oder Ihre Seele richten, werden Sie auch eine Antwort bekommen. Dagegen dürfte ein alltägliches Problem, als Frage formuliert und Ihrem Traum anvertraut, keine allzu große Chance auf Beantwortung haben. Geht es also um ein zutiefst im Inneren empfundenes Gefühl, um Liebe, werden wir leichter eine Erfahrung machen können.

Ein uralter Weg, sich auf die innere Welt einzulassen und das Bewusstsein zu weiten, ist die Ernährung und vor allem auch das Fasten. In einem erweiterten Bewusstsein steht auch die Tür zu einer Begegnung mit Verstorbenen offen. Aus vielen alten Kulturen, von Yogis, Druiden und Schamanen ist überliefert, dass magische Erfahrungen mit PSI – sei es das Sehen in die Zukunft oder die Kontaktaufnahme mit Geistern – durch Fasten, vegetarische Ernährung sowie besondere Kräuter und Pilze gefördert werden. Auch in unserer Zeit und in Industrieländern werden diese Erfahrungen beschrieben, nicht nur von Hereward Carrington und Rudolf Steiner.[267]

267 Vortrag zu einer Forschungsstudie von Michael Draw (in Kooperation mit Chris Roe und Callum Cooper) auf der Online-Jahrestagung der Society for Psychical Research vom 18.-19.9.2021. Ein Beispiel ist der Traum »Lucullus und Avenarius«, Erfahrung 50.

## 22. Begegnungen mit Verstorbenen als Teil des ganzheitlichen Lebens

Zu vielen Dingen im Leben gehören Drei. Auch zum Leben selbst gehören Drei: Körper, Geist und Seele, das heißt physische, mentale und emotionale Aspekte. Erst wenn alle drei großen Ebenen miteinander verbunden sind, entsteht Harmonie; und dies ist keine einmalige Angelegenheit, sondern ein lebenslang anhaltender Prozess und Balanceakt. Ausgewogenheit ermöglicht ein volles Leben, bei dem keine Ebene die andere blockiert oder dominiert. Außergewöhnliche Erfahrungen sind weit verbreitet und daher gewöhnlich. Sie gehören zum Leben, so wie die Begegnungen mit Verstorbenen. Sie sind Erfahrungen eines erweiterten Bewusstseins, das alle Grenzen überspringt.

### Ernährung und Fasten

Auf den ersten Blick mag es befremdlich klingen, doch wie wir uns ernähren, beeinflusst unser gesamtes Leben und ebenso unsere Offenheit gegenüber Erfahrungen, die auf einem erweiterten Bewusstsein beruhen. Hier genügt schon, das Prinzip Achtsamkeit auf das tägliche Brot anzuwenden. Je achtsamer wir essen, desto sorgfältiger werden wir auch die Lebensmittel auswählen, und desto feiner werden unsere Sinne. Das kann bis hin zum Vegetarismus oder zu einem rundum veganen Lebensstil führen. Achtsame Ernährung sensibilisiert die Sinne, auch die »inneren« Sinne.

Es ist von vielen Kulturen bekannt, dass sie bestimmte Lebensmittel benutzen, um ihr Bewusstsein zu erweitern und sich in einen tranceähnlichen Zustand zu versetzen. Druiden und Schamanen rund um die Welt besaßen Kenntnisse von Kräutern und Pilzen, die diesem Zweck dienten.[268] Der Fliegenpilz (*Amanita muscaria*), mit dem sich die sibirischen Schamanen in Trance versetzen, um mit der Welt der Geister und Seelen Kontakt aufzunehmen, ist ein klassisches Beispiel.[269] Zahlreiche Pflanzen, darunter viele Heilpflanzen, Kräuter und Gewürze, dienen demselben Zweck.[270]

Noch wirkungsvoller, um die Grenzen von Zeit und Raum zu öffnen, ist die Nahrungsenthaltung. Damit ist nicht irgendeine Diät gemeint, auch nicht das Intervallfasten und ebenso wenig das Fasten mit kleinen Leckereien, sondern die vollständige Enthaltung, bei der nur das Trinken von Wasser oder Kräutertee erlaubt ist. Hier kann es nach wenigen Tagen zu Erfahrungen mit ASW und anderen grenzüberschreitenden Erlebnissen kommen.[271]

### Tiefe der Gefühle

An der Tatsache, dass die Begegnungen mit den Toten in den meisten Fällen die uns am nächsten stehenden Personen betreffen, zeigt, dass sie in der Regel mit unseren Gefühlen, mit der Tiefe und Echtheit unseres Empfindens für jene Menschen zu tun haben. Dies wird dadurch unterstützt, dass die Nachtod-Kontakte oft unmittelbar nach dem Tod stattfinden und erst mit der Zeit allmählich seltener werden.[272]

Der großen Anzahl an Berichten lässt sich entnehmen, dass eine innere Bereitschaft oder Sensitivität dazu führen kann, dass wir von Verstorbenen kontaktiert werden, die wir vorher nicht kannten. Warum das so ist, bleibt spekulativ, und es ist nur eine Idee, dass diese »Seelen« sich gezielt an Dritte, an sensitive Menschen wenden, weil

268 Siehe Puhle 2021, Kap. 21 und 22.
269 A. a. O., S. 184-186.
270 A. a. O., Kap. 21 bis 23.
271 Siehe den Traum »Lucullus und Avenarius«, Erfahrung 50.
272 Siehe auch das Interesse vonseiten der Verstorbenen, Kap. 29.

sie von den eigentlichen Zielpersonen nicht wahrgenommen werden. Diese Annahme bildet auch die Grundlage der Arbeit vieler Medien, die als Vermittler zwischen den Welten dienen.

Noch ein möglicher Aspekt für die Erfahrung mit unbekannten Toten wäre das Leid der Verstorbenen und deren tragischer Tod, sei er zu früh oder durch Gewalt oder Unglück eingetreten. Dies sind die Seelen, die keine Ruhe finden und noch Jahre nach dem Ereignis an diesem Ort spuken, wie es der Volksglaube weiß. Hier ginge es also, falls dies zutrifft, nicht um die Gefühle der Lebenden, sondern um die verletzten Gefühle und Erfahrungen der Toten.

## Spirituelle Aspekte und Erfahrungen

Das lateinische Wort *spiritus* bedeutet Geist, das Gegenteil von etwas Fassbarem und Materiellem. Die deutsche Sprache versteht dreierlei unter Geist: Den Geist im Sinne von Gedanken – etwas im Geiste tun –, weiter den Geist, in dem ein Mensch lebt –, wessen Geistes Kind ein Mensch ist –, und drittens den Geist als eine nicht-stoffliche, oft als spukhaft empfundene Erscheinung eines Menschen, wobei diese meistens mit einem verstorbenen Menschen assoziiert wird, seltener mit einem lebenden. In allen drei Fällen ist unsere Vorstellung von »Geist« mit etwas Unsichtbarem verknüpft, mit einer Energie, mit einer belebenden und inspirierenden Komponente, selbst im Falle der Erscheinung von Toten. In Träumen wird es wunderbar deutlich, dass wir eine Person »spüren« können und ein Gefühl für ihre Anwesenheit haben, besonders dann, wenn sie wie eine andere Person aussieht. Im Traum können wir die Energie eines Menschen leichter wahrnehmen als im Wachen. Begegnungen mit Verstorbenen sind ein Hinweis auf die Energie, die das Leben ausmacht, und die wir auch nach dem Tod auf verschiedene Weise wahrnehmen können. Lufthauch, Atem, Licht – das sind uralte

Bezeichnungen der Hochkulturen für eine Leben stiftende Kraft.[273] Dabei ist eine lebendige Bewegung im Spiel, eine fließende Energie, die manchmal schwächer, manchmal stärker oder konzentrierter sein kann. So wurden für den Körper, in dem wir uns im Traum befinden und in dem uns auch Verstorbene erscheinen, Namen wie Ätherkörper, Lichtkörper und Astralkörper, wörtlich Sternenkörper, geprägt. Im Laufe der Kulturgeschichte wurden noch weitere nicht-physische Körper beschrieben, die an unterschiedliche nachtodliche Zustände gebunden sind und sich von einem subtilen Körper zu immer noch subtileren Köpern entwickeln. Über eines herrscht jedoch Einstimmigkeit: Unser physischer Körper besteht nicht aus Stoff, sondern aus Energie[274], und dieser Gedanke öffnet die Tür für die Annahme, dass nach dem Tod eine Art Körper existieren könnte, der durch feinste Energie zusammengehalten wird. Dass es sich nach dem Tod um verschiedene, sich wandelnde Formen von Körpern handeln könnte, legen die verschiedentlich behaupteten Erfahrungen dar, dass sich die Verstorbenen in ihrem neuen Leben weiterentwickelt hätten und älter erschienen als im Leben, etwa im Fall von verstorbenen Kindern. So fantastisch es klingen mag, so würde es mit dem Konzept der Reinkarnation Hand in Hand gehen, demzufolge ein Mensch durch viele Inkarnationen einen langen Weg bis zur höchsten Vollkommenheit zurücklegt.

### Nachtodliche Begegnungen in Träumen von Jürgen Trott-Tschepe, Autor und Seminarleiter zu spirituellen und naturheilkundlichen Themen, im eigenen Institut in Berlin

Wie macht unsere Seele uns ihren Lebenssinn bewusst? Und wie verläuft unser Weg dabei?

273 Z. B. *ki* in Ägypten, *qi / chi* in China und *prana* in Indien.
274 Siehe auch Luis Portela 2021, Kap. 11-14 und 16.

In spirituellen Heilweisen wurden diese Wege verschlüsselt aufgezeigt, in allen Kulturen weltweit in Mythen, Märchen, Geschichten, Poesie und allen Künsten symbolisiert, und das meiste Wissen davon entstammt der Welt der Träume. Unser Traumbewusstsein ist allnächtlich unmittelbar angebunden an die ursprünglichen geistigen Sinn-Quellen, die wir universal nennen können.

Die nachfolgenden Träume sind also weniger meine persönlichen Nacht-Erfahrungen und Verarbeitungen von Alltag per Traum, sondern sie stellen vielmehr transpersonale Bilder zum Thema der Übergänge beim Sterben, nachtodlichen Erfahrungen, Begegnungen und Verbundenheiten dar:

### MEIN STERBEN

(Erfahrung 52)

Eine Freundin (aus meinem diesseitigen Leben) besucht mich. Wir unterhalten uns, da schreit sie plötzlich auf und, wie erschreckend: Sie verschwindet, sich verwandelnd zu einer Nebelgestalt, die sich ganz und gar auflöst.

Dabei ruft sie ein letztes Mal nach mir. Ich will dem Geschehen nachgehen, da widerfährt mir Ähnliches: Ich löse mich in Wesenhaftes auf, es wird alles heller, dann sehe ich einen dunklen Tunnel, durch den ich nur unwillig gehe, ich zögere, weiche kurz zurück, bevor ich endlich weiß: Das ist mein Sterben.

(Jürgen Trott-Tschepe)

### KONTAKT

(Erfahrung 53)

Berlin, Uniklinik. Auf der Intensivwachstation ein Raum voller Geräte um ein Bett, die rhythmisch blinken, pumpen, piepen. Auf dem Bett, leicht zugedeckt, ein Mann im Koma, seit Monaten. Neben ihm seine Frau, gerufen, um sich von ihm in dieser Nacht endgültig zu verabschieden. In ihren hilflosen Händen ein Tropfen Öl von Rosen. Eine letzte Liebesberührung seiner leblos erscheinenden Finger – da geht ein Herzensleuchten durch den Raum, ein Licht zwischen Herzen, warm, jenseitig, stark, stärker als alle Neonbeleuchtungen dieser Welt.

(Jürgen Trott-Tschepe)

## UNENDLICH GRÖSSERES / GEBÄRMUTTER GOTTES

(Erfahrung 54)

Ich bin mit meiner Familie in Urlaub, gerade angekommen in einer ländlichen Gegend, die ich von früher her gut kenne. Ich setze mich auf mein Rad und fahre einen Weg entlang. Es dämmert schon, ich sollte umkehren, meine Familie wartet sicher auf mich. Ich fahre aber weiter und weiter. Der Weg verliert sich in einer Wiese, es dunkelt. Es wird so dunkel, so schwarz, dass nicht einmal mehr das Radlicht irgendetwas beleuchten kann. Ich fahre aber weiter, immer weiter, merke, dass ich nur noch ein Strampeln bin. Keine Empfindungen mehr, keine Orientierung, ich bin nicht mehr auf dem Boden.

Da ist nichts mehr um mich, da ist einfach Nichts. Ich bin ein Teil dieses Dunkels, dieser Leere, dieses Nichts. Es ist nur noch ein Sein im Nichts. Da begegnen mir andere Wesen, schweben vorbei, es ist ein Verbundensein und doch belanglos. Nur noch Sein, kein Ich mehr. Ein raumloses Nichts. Da: Es ist umhüllt! Das Nichts ist in etwas unendlich Größerem eingebettet, es ist ein Teil von Unfassbarem. Es ist die Gebärmutter Gottes. – Schön. Es ist die reine Schönheit.

(Jürgen Trott-Tschepe)

## DAS GLEISSENDE LICHT ÜBER DEM SCHNEE

(Erfahrung 55)

Im seligen Traume besuche ich eine empfohlene Adresse in vornehmer Wohngegend. Hier wohnt eine alte Dame, eine schlohweißhaarige Frau, die mich nach anfänglichem Zögern hereinbittet. Ich erzähle ihr von meinen Reisen, meinem Suchen nach Sinn. Wir unterhalten uns angeregt über alles Mögliche, dann komplimentiert sie mich wieder höflich hinaus. Sie könne mir nicht helfen, wünscht aber alles Gute. Ich gehe ins Zentrum des Ortes. Hier erfahre ich von einer Konferenz, an der ich teilnehmen will. Als ich am Tagungsort ankomme, sehe ich, wie alles im Schnee versinkt, die Gäste durch tiefe Schneegänge gehen müssen. Über dem Schnee leuchtet es gleißend hell weiß, es ist ein wunderbar strahlendes Licht, in das ich so gerne schaue, dass ich gar nicht erst in das Tagungsgebäude hineingehe. Aus diesem Licht spricht es zu mir: ›Ich bin das Licht.‹ Nichts als dieses, und doch ist es Alles. Es ist kalt, es ist still, es ist unfassbar hell. Das Licht ist ohne Gestalt, es umflutet mich. Weiter nichts, alles erfüllend. Es ist Anfang und Ende zugleich. Es hat keine feste Struktur, durchmisst und durchdringt alle Dimensionen. Ich gehe zu der weißhaarigen Dame zurück und berichte ihr davon. ›Hast du es also gefunden‹, sagt sie nur.

(Jürgen Trott-Tschepe)

## LICHTTUNNEL

(Erfahrung 56)

Eines Tages muss ich, der Träumende, ein Baby in die Arme nehmen, das am Sterben ist. Ich streichle es und helfe ihm sanft hinüber. Ich schaue dem Wesen des Kindes nach. Da ist es ein dunkler Schatten einer Person, die ins Licht geht. Ich frage, wer er sei? ›Ich bin keine Person, ich bin dein Schatten-Ich. Du hast mich ge-

rade freundlich behandelt, so kann ich gehen. Ich gehe nun ins Licht.‹ ›Ja, geh, geh!‹ Und der Schatten verschwindet in gleißend hellem Licht. Ich folge der Schattenfigur, denn ich möchte wissen, wohin sie geht.
Nach kurzer Zeit bleibt sie stehen. Ich verneige mich vor meinem Schatten und zolle ihm Respekt. Dann gehe ich an ihm vorbei. Nach kurzer Zeit fügen sich weitere Schatten an seine Seite, mehr und mehr, und sie bilden Tunnelwände, durch deren Mitte ich hindurchgehen muss, um weiterzukommen. Von allen Seiten Wände aus Schatten, in der Mitte ein quadratischer Tunneldurchgang, vorne Licht, das sehr stark und einladend hereinstrahlt. Dorthin gehe ich. Wird es von Schatten verdeckt, leitet mich ein intensiv violettes Licht wieder in die Helle. Manchmal gehe ich wieder retour, doch dann verstärkt sich das Violette, und ich werde behutsam drängend nach vorne geleitet. Will das Dunkel das Licht völlig überschatten, drängt sich das Violett dazwischen, ringt mit dem Schatten und setzt mir das helle Licht zur Orientierung wieder frei. Geht es um starke Biegungen, in denen ich plötzlich kein Licht mehr erkennen kann, führt mich das Violett. So geht es durch die Schattenwände immer auf das Licht zu. Manchmal muss ich ein Stück des Weges wiederholen, doch nie verlässt mich das Violett. Es geht nur hin zum Licht. Die Schattenwände sind dabei paradox, nichts wirft hier Schatten, doch sie sind eine Realität, durch die ich hindurchmuss. Der Weg ist klar, solange ich das Licht sehen kann, ansonsten hilft mir das Violett.

(Jürgen Trott-Tschepe)

## AUFERSTEHUNG

(Erfahrung 57)
Ich begleite eine sterbende alte, eng befreundete Dame samt ihrer sterbenden Tochter. Einerseits herrscht ein großer Frieden, andererseits große Trauer. Nach ihrer beider Tod vergeht eine Nacht und ein Tag und eine Nacht. Als ich dann nochmals zu den aufgebahrten Leichnamen zum Abschiednehmen komme, liegen sie beide wieder erwacht und begrüßen mich herzlich. Auferstanden schauen sie mich an und wundern sich über mein Erstaunen.

(Jürgen Trott-Tschepe)

## LICHTKRISTALLE

(Erfahrung 58)
Ich bin mit Freundinnen zusammen, u. a. auch mit P., die ich schon lange nicht mehr gesehen habe.
Plötzlich fällt sie hin, wir lagern sie auf einem Bett. Sie hört auf zu atmen, man kann nur noch ihren Tod feststellen. Wir sind entsetzt. Eine der Frauen, eine Krankenschwester, und ich halten die Totenwache.
Wir wollen sie waschen und vorbereiten für die Beerdigung. Sie erscheint mir aber mehr und mehr nur wie eine schöne Schlafende, die nur sehr blass ist. Ich berühre ihre Füße. Da geht durch ihren Leib eine heftige Erschütterung, und ein tiefer Seufzer ist zu hören. Ich weiß, dass es das bei gerade Verstorbenen manchmal gibt, wenn noch die letzte Luft entweicht. Doch mit einem Mal wird das zu einem tiefen, heftigen Atemzug, sie öffnet ihre Augen und setzt sich auf. Wir können es nicht fassen: Sie ist wieder auferstanden. Ich frage sie, wie es ihr in der ›toten Zwischenzeit‹ ergangen ist. Sie sagt: ›Es ist keine tote Zeit, kein totes Grau(en), komm mit, ich

zeige es dir.‹ Wir sind in einem Nebel, es ist wie das Durchfliegen einer grauen Wolkendecke, über der es immer heller wird, bis der blaue Himmel mit seinem Sonnenlicht erscheint. Es ist strahlend hell, doch ist es kein Oben; das Grau hinter mir ist die Hülle der kleinen Kugelwelt, die wir soeben verließen. ›Hier, in dieser unendlichen Weite, musste ich zwischenzeitlich ›Luft holen‹, sozusagen ›Lichtluft‹, um wieder in jener Welt weiter wirken zu können‹, sagt P. ›Um jene Welt zu ›belichten‹.‹ Es ist ein Einatmen von winzigen Lichtteilchen, kleinsten Kristallen ähnlich, die dann von innen nach außen durch den Lichtleib in die Welt strahlen können. Es freut mich sehr, diesen Sinn wahrzunehmen.

(Jürgen Trott-Tschepe)

### KEIN TOD

(Erfahrung 59)
Ein schwarzes Kreuz, an dem nichts fixiert ist. Es vibriert stark und stärker und beginnt sich aufzulösen. Dabei die Botschaft: kein Tod, kein Leiden. Dann verwandelt es sich in ein mandalaartiges Kaleidoskop-Farbenspiel. Das ist wunderschön anzuschauen.

(Jürgen Trott-Tschepe)

### CHRISTI ÜBERGANG

(Erfahrung 60)
Jesu Leib schwarzblau am Kreuz, seine Wesensgestalt goldgelb darinnen. Über dem Haupt ein Kobrakopf, der sich auflöst, als das grüngoldene Christus-Wesen sich vom Kreuz in einen dunklen Raum begibt, in dem Nichts ist. Leere. Dunkelheit. Dort bleibt es lange. Bis irgendwann ein wenig orange-farbenes Licht erscheint. Mitten darin ein hellblauer Kreis mit einem winzigen weißen Mittelpunkt.
Dahin geht es, da ist Es.

(Jürgen Trott-Tschepe)

## SEINE SCHÖNHEIT

(Erfahrung 61)

Ich frage den Tod, wo er ist und ob ich berechtigt bin, über ihn zu reden, ohne ihn derzeit physisch zu kennen. Er sagt:
Ich bin mitten in dir, ich gehöre zu dir wie zu jedem Geschöpf.
Ich frage Gott, wozu dieses ewige universale Geborenwerden und Sterben, dieses andauernde Kommen und Gehen aus dem Nichts ins Etwas ins Nichts...? Bin ich jemand, der diese Frage stellen darf? Sofort ist die Antwort: ›Ja. Die andauernde Schöpfung ist in Meinem Licht schön. Darauf kannst du vertrauen, auch wenn du nicht aus meinem Licht zu schauen vermagst. Auch wenn du nur erahnen kannst, was Meine Schönheit ist.‹

(Jürgen Trott-Tschepe)

## WISSENDE KATZE

(Erfahrung 62)

Ich sitze mit einem Mann an einem Tisch. Wir unterhalten uns über das Sterben. Man vergisst alles dabei, sage ich. Uns gegenüber sitzen zwei Hebammen, die ich frage, wie sie das sehen. Bei der Geburt sei das Vergessen völlig anders. Währenddessen springt vom Schoß der einen Frau eine schwarze Katze zu mir herüber auf meinen Schoß.

(Jürgen Trott-Tschepe)

## STERBENDE KATZE

(Erfahrung 63)

Ich fahre auf einem Paddelboot auf einem Fluss, auf dem ich meine Katze, die auf meinem Schoß sitzt, zu ihrem Sterbeort begleite. Es ist eine wunderschöne Flusslandschaft, und alles ist vor sehr langer Zeit geschehen.

(Jürgen Trott-Tschepe)

## ELTERNBESUCH

(Erfahrung 64)

Aus dem fernen Norden besucht mich mein verstorbener Vater und begegnet mir, als ich unser altes Faltboot zusammenbaue. Wie ich das denn so gut könne, diese tausend Teile zu händeln, fragt er mich, und ich sage, er habe es mir doch beigebracht, und ich habe das Boot sogar mit geschlossenen Augen zusammenbekommen. Das wisse er nicht mehr, und staunt. Da kommt meine verstorbene Mutter hinzu, die in einem Pflegeheim wohnt, fragt, was wir tun. Als ich sage, ich würde mich auf eine Bootsfahrt vorbereiten, wünschen sich beide, mitzukommen. Das freut mich, und ich gehe die Landkarte durch, wo im Norden denn die hübscheste Flussgegend wäre. Flüsse als schöne Wege für Übergänge, die ich begleite. Übergänge zwischen Leben und Leben.

(Jürgen Trott-Tschepe)

## DER GEGANGENE

(Erfahrung 65)

Der Gegangene war ein Kind. Ich empfinde tiefe Trauer. Da schauen wir uns an, und es spricht zu mir:

Ich konnte so nicht mehr weiterleben, nun bist du mein Vertreter. Kannst du für mich meine Aufgaben fortsetzen?

Welche sind das denn?

Ich bin ein Joker, der den Menschen ihre Spiele zeigt. Jene, die sie zu Gefangenen machen, und jene, die sie wirklich befreien. Willst du das für mich tun?

Ja, gerne.

Dann wisse, dass du dir meiner Unterstützung von dort, wohin ich gegangen bin, immer gewiss sein darfst. Und ich habe dir gezeigt, wie eigentliche Befreiung möglich ist.

Danke.

(Jürgen Trott-Tschepe)

### Erfahrungen und Gedanken einer deutschen Krankenschwester zum Fortleben und dem nötigen Respekt für die Verstorbenen

Dies ist der Originaltext einer bayerischen Krankenschwester und ärztlich geprüften Gesundheitsberaterin, den sie eigens für unser Buch verfasst hat:

»In meiner langjährigen Tätigkeit in Krankenhäusern, Altenheimen und im ambulanten Dienst habe ich viele schwerkranke und sterbende Menschen gepflegt.

Leider war es mir aus Personalmangel, das heißt aus zeitlichen Gründen, äußerst selten möglich, eine würdige Sterbebegleitung zu ermöglichen. Dies ist sehr bedauerlich und dem Sterbenden gegenüber absolut unwürdig.

Immer wieder hörte ich folgende Äußerungen: ›Bitte, Schwester, setzen Sie sich zu mir ans Bett, ich muss Ihnen etwas Wichtiges mitteilen‹, oder: ›Ich habe so große Angst vor dem Sterben‹, oder: ›Glauben Sie an ein Leben nach dem Tod?‹

Es ist schwer, dieses umfangreiche lebenswichtige Thema in wenigen Sätzen zu beschreiben.

Viele Patienten ahnten ihren bevorstehenden Tod oder bekamen ein Zeichen. Nahestehende Verwandte und auch unbekannte lichtvolle Wesen zeigten sich ihnen.

Ich erinnere mich an einen Patienten, der zu mir sagte: ›An meinem Fußende steht ein kleines Mädchen und lächelt mich an.‹ Wenige Tage später verstarb er. Eine Patientin sah ein paar Stunden vor ihrem Tod ihre verstorbenen Eltern und nahestehende Verwandte und äußerte: ›Jetzt ist es bald so weit, sie wollen mich abholen.‹ Eine Bewohnerin sagte: ›Mein Mann hat sich schon bei mir gemeldet.‹ Eine Bekannte teilte mir mit: ›Neben meinem Bett stand eine ganz lichtvolle Gestalt. Sie hat mich angelächelt.‹ Eine Verwandte, welche viel für ihre verstorbene Schwester gebetet hatte, sah sie als Geistgestalt, lächelnd mit einem Blumenstrauß an ihrem Bett stehen.

Als ich einmal ein paar Tage frei hatte und mich von einer Bewohnerin verabschiedete, sah sie mich vielsagend an und äußerte: ›Ob ich Sie wohl in diesem Leben noch einmal sehen werde?‹ Als ich wieder zum Dienst erschien, lag sie im Krankenhaus und starb kurz darauf. Wir haben uns nicht mehr gesehen.

Zwei Patienten habe ich nach einem Atemstillstand zurückgeholt. Sie kamen wieder zu Bewusstsein, waren aber sehr traurig, weil ich sie nicht gehen ließ, und baten mich, dies niemals mehr zu wiederholen. Die meisten Menschen hatten allerdings schreckliche Angst vor dem Sterben, vor Bestrafung oder dem eigenen Auslöschen.

Da ich persönlich einen guten Kontakt zu meinem Schutzengel habe, konnte ich diesbezüglich auch einigen Patienten glaubwürdige Hinweise geben, wie z. B.: ›Der beste Freund an Ihrer Seite ist Ihr Schutzengel. Er hat Sie Ihr ganzes Leben lang begleitet, von der Geburt bis zum Sterben. Er wird Ihnen auch über die Schwelle in die jenseitige Welt helfen. Sie sollten ihn allerdings ansprechen und ihn um Unterstützung bitten. Stellen Sie sich bildhaft vor, wie er Sie an die Hand nimmt und ins göttliche Licht führt. Dort werden Sie auch Ruhe und Sicherheit finden und von Ihrer Angst befreit werden. Versuchen Sie es doch einfach. Ich bleibe noch etwas bei Ihnen, halte Ihre Hand, und wenn Sie möchten, dann bete ich für Sie oder mit Ihnen gemeinsam.‹ Da einige dieser Patienten im Koma oder Wachkoma lagen, konnten Sie sich nicht mehr persönlich äußern. Ich sah allerdings einige Tränen oder ein Bewegen der Lippen oder Hände. Auch die Atmung veränderte sich. Also konnten sie mich hören. Da bin ich mir ganz sicher. Ein Gebet in persönlichen Abschiedsworten gesprochen, zeigte häufig eine Ruhe im Körper.

Was mich am meisten überraschte, war, dass mehrere dieser sterbenden Menschen innerhalb einiger Stunden friedlich einschlafen und ihre Seele ihren sterbenden Körper verlassen konnte.

Einige jener Patienten haben sich im Anschluss bei mir in Träumen, Visionen, akustischen Zeichen oder Berührungen mitgeteilt. Darüber bin ich sehr dankbar. Bewusst sollte man allerdings die Verstorbenen nicht herbeizitieren oder einen Nachtodkontakt erbetteln. Es obliegt ihrer Willens- und Entscheidungsfreiheit, ob sie mir ein Zeichen geben möchten oder nicht.

Bereits meine Oma hat mich in jungen Jahren gebeten, sie nicht mit meiner Trauer zurückzuholen und um Rat und Hilfe zu bitten. Dazu sollte ich mich an Gott persönlich wenden. Den Hinweis, die Verstorbenen in der geistigen Welt ihren persönlichen Entwicklungsweg gehen zu lassen, haben mir noch manch andere spirituell orientierte Menschen gegeben. Und dies möchte ich auch beherzigen. Wenn allerdings eine jenseitige Seele freiwillig kommen möchte, um mir z. B. in einem Traum etwas Unerledigtes oder Wegweisendes für meine Seele mitzuteilen, ist dies eine andere Sache.«

# Positive und heilsame Effekte von Begegnungen mit Verstorbenen

## 23. Zeichen der Verbundenheit

### Hallo, mir geht's gut!

Ein positives Zeichen von einem verstorbenen Menschen, den wir vermissen, kann über den Verlust ein Stück weit hinweghelfen und uns mit der Tatsache leichter Frieden schließen lassen. Vor allem ist das der Fall, wenn der Tod zu früh, nach schwerer Krankheit, durch Gewalt oder andere unglückliche Umstände zustande kam. Die amerikanische Psychologin Patricia Garfield, Grand Dame der Traumforschung, widmet diesem Thema in ihrem Buch *Dream Messenger* eigens ein Kapitel: Träume von Verstorbenen, die nichts weiter als eben diese gute Botschaft übermitteln, dass es ihnen gut gehe. Da Träume von Verstorbenen einen starken Realitätscharakter haben können, sind sie ein wunderbar heilsames Mittel, die Hinterbliebenen zu beruhigen. Das intensive Gefühl ihrer Anwesenheit, sei es im Traum oder Wachen, kann noch lange nachwirken und bei Bedarf noch nach Jahren »abgerufen« werden.

### Trost und Trauerhilfe

Begegnungen mit den Verstorbenen bieten besonders, aber nicht nur, in der akuten Trauerzeit Hilfe und sind eine Quelle des Trostes für die engsten Hinterbliebenen. Das Entscheidende hierbei ist, dass die Erfahrungen als echte Begegnungen empfunden und verstanden werden, häufig sogar als noch realer als real. Dadurch trösten sie, graben sich tief ins Gedächtnis ein und bilden gleichsam einen Anker der festen Verbundenheit mit ihnen.

Der trostspendende Aspekt von Erfahrungen mit Verstorbenen ist von wissenschaftlicher Seite viel beachtet und erforscht worden. Dabei wurde allerdings »nur« die positive Wirkung auf die Hinterbliebenen selbst gesehen, nicht jedoch die Auswirkung auf deren Weltbild und die philosophische Grundfrage, ob die Erfahrungen der Präsenz der verstorbenen Personen für sie tatsächlich auf eine Art von Fortleben nach dem Tod hinweisen könnten.

### Lösung von Beziehungsproblemen

Wenn ein Tod überraschend erfolgt und zwei Menschen, die sich an und für sich nahestehen, aber miteinander Konflikte haben, plötzlich getrennt werden, kann eine Wiederbegegnung, sei sie im Traum oder im Wachen, das bedrückende, in der Luft hängende Problem lösen. Diese nachtodliche Klärung und Reinigung von Beziehungsproblemen ist von unschätzbarem Wert für das psychische und physische Wohlbefinden, auf jeden Fall für das der Lebenden und womöglich auch für das Bewusstsein der Abgeschiedenen.

Einen guten Grund für die Erscheinung einer älteren verstorbenen Dame gab es für einen Mann, für den diese Frau von Anfang an eine Art Großmutter war und die er später auf ihren Wunsch hin in den Süden Islands brachte, wo sie verstarb. Bei der Zusammenkunft nach ihrer Beerdigung verlor der Sohn dieser Dame seine Kontrolle und griff den »Zieh-Enkel« heftig an, er hätte dies nur für sich selbst getan, was der Betroffene aber verneinte. Als dieser zu Bett ging, fühlte er sich seltsam krank, hatte aber kein Fieber. Dann nahm er zunächst eine Farbe mitten auf der Tür wahr, die dort gewöhnlich nicht war, und dieser Farbfleck verwandelte sich allmählich in die Gestalt seiner »Großmutter«, die sich offensichtlich darum bemühte, mit ihm zu sprechen. Ihm wurde schnell klar, was sie sagen wollte, nämlich dass sie mit dem von ihrem Sohn ausgegangenen Streit nicht einverstanden war und ihn darum bat, diesem zu verzeihen.[275] Hier erfüllte die Erscheinung also die Funktion, den Frieden zwischen zwei Lebenden wiederherzustellen.

## 24. Information und Lebenshilfe

Große Überzeugungskraft haben Fälle, in denen Informationen übermittelt werden, die den Rezipienten zuvor unbekannt waren. Einige Beispiele habe ich oben[276] gegeben. Haraldsson sammelte etliche Fälle dieser Art aus Island: Ein Teenager sah zum Beispiel, als er die Treppen im Haus seiner Großeltern hinunterlief, einen jungen Mann mit zwei Tauben auf je einer Schulter. Er fand das seltsam, meinte aber, dass es sein Onkel sein müsse, der bei einem Unfall im Alter von vier Jahren ums Leben gekommen war. Als er das Aussehen des Mannes seinen Großeltern beschrieb, bestätigten sie, dass er es gewesen sein müsse, und – was für ihn neu war – dass er Tauben liebte und hielt.[277] In einem anderen Fall suchte ein Mann gerade einen Psalm für die

275 Haraldsson 2021, S. 117f.
276 Kap. 20.
277 Haraldsson 2021, S. 199.

Beerdigung seiner zwei Tage zuvor verstorbenen Frau aus, als sie zu seiner großen Überraschung plötzlich, umgeben von einem Oval aus weißem Licht, vor ihm stand, und zwar in einem pinkfarbenen Kleid, das sie nur selten trug. Der Mann hatte keine Kenntnis davon, dass seine Schwiegertochter genau dieses Kleid für die Beerdigung ausgesucht hatte.[278]

Ein nächster Fall berichtet von einem 22-jährigen Mann, der bei einem großen Problem wertvolle Hilfe von einer unbekannten Frau erhielt, die plötzlich zu ihm ins Zimmer trat. Sie lief herum und bewegte sich ganz normal, wie ein physisch anwesender Mensch, und er folgte ihrem Rat, was sich als hilfreich herausstellte. Er hatte das Gefühl, dass es im Zimmer während ihrer Anwesenheit heller wurde. Ihr plötzliches Verschwinden war allerdings merkwürdig. Als er den Vorfall Verwandten beschrieb, schien es klar, dass die Unbekannte seine Urgroßmutter war. Noch eine Erfahrung zeugt von einem Rat des verstorbenen Vaters und Bruders eines Farmers, den der Perzipient im Augenblick der Erfahrung noch ablehnt und erst später erkennt, dass er beim Anlegen seiner neuen Farm viel mehr Raum für den Anbau von Gemüse und Getreide hätte abgrenzen sollen. In einem weiteren Fall überbringt eine verstorbene Schwester ihrem Bruder die Todesnachricht einer anderen Schwester, die bei der Geburt ihres Babys verstorben ist.[279]

Wichtige und nützliche Informationen können wie ein guter Rat wirken, auch wenn wir an oft berichtete Fälle denken, die Angaben zur Auffindung eines Testamentes enthalten.

Berichte von Traumbeispielen aus der Sammlung von Helen Solem demonstrieren die Aspekte typischer Träume von Verstorbenen – Träume mit Informationen, Rat und Warnung – die Scott Rogo zusammengefasst hat. Ein Traum-Bericht stammt von Gwen:

---

278 A. a. O., S. 201f.
279 A. a. O., S. 133f.

## UNENTWEGTER RAT

(Erfahrung 66)

›Bis meine Mutter im Jahr 1959 verstarb, habe ich, soweit ich mich erinnern kann, nicht von einer verstorbenen Person geträumt. Wie auch immer, über den Tod meiner Mutter im Alter von nur neunundvierzig Jahren war ich sehr verstört. Viele Male kam sie danach in meinen Träumen zu mir, vor allem, wenn ich ratlos oder über etwas beunruhigt war.‹ Die Frau merkte bald, dass sie ihre Mutter um Rat fragen konnte und die Traumperson bereitwillig antworten würde.

(Scott Rogo 1986)[280]

## EINE WARNUNG ODER EINE WICHTIGE ENTSCHEIDUNG

(Erfahrung 67)

Im Jahr 1906 hatte eine ältere Dame einen Traum, in dem sie ihren verstorbenen Bruder zu ihr sprechen hörte. Die Stimme informierte sie, dass sie eine wichtige Entscheidung treffen müsse – zwischen ihrem zuletzt geborenen Kind (zu dieser Zeit anderthalb Jahre alt) und dem [Kind], mit dem sie schwanger war. Die Stimme klang bestimmt in dieser Sache, und die Frau entschied sich schweren Herzen, ihr Baby zu behalten, das gerade geboren werden sollte. Das Ende vom Lied war, dass drei Wochen später das ältere Mädchen von der Veranda stürzte, sich den Kopf verletzte und daran starb. ›Wenn sie jetzt von dieser Erfahrung berichtet‹, erklärt Frau Solem, ›sagt sie, dass sie glaubt, dies war für sie bestimmt, um ihr durch die verhängnisvolle Zeit hinweg zu helfen‹. Die Warnung half ihr, gesund zu bleiben und sich nicht von ihrer Trauer überwältigen zu lassen.

(Scott Rogo 1986)[281]

280 Rogo 1986, Life After Death. The Case for Survival of Bodily Death, S. 70.
281 Ebenda, S. 60-70.

### DIE ENTDECKUNG EINES VERSTECKTEN SPARBUCHES

(Erfahrung 68)
Eine Frau aus Connecticut erklärte, wie ihr verstorbener Schwiegervater im Schlaf zu ihr kam am Tag nach seiner Beerdigung. Das hatte den Zweck, sie über ein geheimes Bankbuch oder Sparbuch zu informieren, das in seinem Zimmer versteckt war und das den Schlüssel zu $ 2.800,- enthielt. Sogar ihr Ehemann machte sich lustig über die Geschichte, bis eine Suche das Bankbuch ausfindig machte. Das Geld auf dem Konto entsprach der Summe, die im Traum kommuniziert wurde.

(Scott Rogo 1986, p. 70)

Sehr wohl werden diese inhaltsreichen Begegnungen mit Verstorbenen auch im Wachzustand erlebt, wie Haraldsson demonstriert. So hat in einem seiner Beispiele der oder die Betroffene im Alter von acht bis dreizehn Jahren Erscheinungen von der Mutter, die zu dieser Zeit noch lebte und im Krankenhaus lag und die sich nach dem Tod der Mutter fortsetzten. Die verstorbene Mutter, die im Gegensatz zur lebenden nun vor einem hellen Hintergrund zu erscheinen pflegte, warnte ihr Kind vor vielen Dingen, wobei sie ihm mit einem entsprechenden Gesichtsausdruck erschien.[282]

## 25. Inspiration und Zukunftsschau

Aus der historischen wie gegenwärtigen Schlaf- und Traumforschung wissen wir sehr gut, wie Begegnungen mit Verstorbenen uns inspirie-

282 Haraldsson 2012, S.139; A. a. O., Kap. 26, S. 161-164: Guidance and Words of Warning.

ren und positiv auf unsere Kreativität wirken können. Traumbücher sind voller faszinierender Beispiele berühmter Persönlichkeiten aus Literatur, Musik und den bildenden Künsten – und auch aus der Wissenschaft! Nur einige wenige Beispiele an dieser Stelle: Richard Wagner erhielt viele Anregungen für seine Kompositionen beim Einschlafen, während der Hypnagogia-Phase, in der nicht nur Bilder gesehen werden, sondern auch akustische Eindrücke wahrgenommen werden können. Weiter entwickelte Mary Shelley die Idee zu Frankenstein in einem Klartraum. William Blake pflegte den Kontakt mit seinen *friends in eternity*, wie er in einem Brief an seinen Freund Thomas Butts im April 1803 bekundete, und von seinem jüngsten und liebsten Bruder Robert, der in jungem Alter verstarb, erhielt er im Traum Anweisungen für eine spezielle Illustrationstechnik.

Manche Begebenheiten mit Verstorbenen gewähren Einblick in die Zukunft. Es kommt potenziell in allen herausfordernden Situationen vor, von denen schon die Rede war. So gehört zum Beispiel ein Blick in das eigene zukünftige Leben zu den typischen, wenn auch nicht häufigsten Aspekten einer Nahtod-Erfahrung, und zwar geschieht dies im Zusammenhang mit dem für die NTE typischen Lebensrückblick, wenn das gesamte Leben in Sekundenschnelle abrollt und über die Gegenwart hinaus bis in die Zukunft weiterläuft. Am leichtesten und häufigsten kann es im Traum[283] oder in ähnlichen, oben vorgestellten Bewusstseinszuständen geschehen, und die Botschaft für die Zukunft kann konkret oder durch eine beliebige symbolische Handlung oder eine Geste der verstorbenen Personen übermittelt werden.

283 Siehe Erfahrung 37.

## 26. Der Tod verliert sein Gesicht

Für die meisten, die eine intensive Begegnung mit einer verstorbenen Person erlebt haben, ist es keine Frage: Das Leben geht nach dem Tod weiter, egal in welcher Art und Weise. Da, wie wir sahen, im Rahmen der Begegnungen häufig auch andere Wesen in Erscheinung treten, oft als höhere Wesen, Engel oder Lichtwesen wahrgenommen oder direkt als Gott, liegt in diesen Erfahrungen eine starke Überzeugungskraft von der Wirklichkeit des Erlebten. Die Gewissheit vom Weiterleben nimmt den Betroffenen die Angst vor dem Tod, vor der Endgültigkeit des Todes. Psychologisch gesehen, ist das ein wesentlicher Faktor für ein glückliches Leben. Die Begegnungen spenden nicht nur Hoffnung, sondern beseitigen jeden Zweifel an einem Weiterleben. Das Fehlen psychologischer Störfaktoren wie Angst und Zweifel bereitet den Boden, auf dem ein ganzheitliches, harmonische Weltbild entstehen kann.

*Be curious*! So einfach lautet der weise Rat des in Sachen Sterben, Tod und Spiritualität kundigen Forschers Peter Fenwick, der eine Art *road map*, eine *Landkarte zum Sterben*, entworfen hat. Diese Landkarte des Herzspezialisten beruht auf seiner jahrzehntelangen Forschung und seinen Erfahrungen im Umgang mit sterbenden Patienten einschließlich derer, die eine NTE erlebt haben. Auf dieser Landkarte sind die Situationen, in denen sich Menschen dem Tod nähern, verzeichnet. Diese Karte ist nicht nur für die Sterbenden relevant, sondern auch für deren Nächste, die den Sterbenden hilfreich zur Seite stehen wollen. Wenn wir Peter Fenwicks Rat beherzigen, neugierig auf das zu sein, was nach dem Tod kommen mag, können wir uns wie auch unsere Nächsten gezielt und bewusst begleiten und ihnen die Angst vor dem

Tod ein Stück weit nehmen und dabei helfen, sich mit dem Tod anzufreunden.

Dagegen haben die Menschen, die dem Tod bereits nähergekommen sind oder sogar nach heutigem medizinischen Wissensstandard für tot erklärt worden sind und eine Nahtod-Erfahrung durchlebt haben, ohne eigenes Zutun in den meisten Fällen von selbst die Angst vor dem Tod und seiner Endgültigkeit verloren.

Egal, ob Sie selbst in Kontakt mit einem geliebten Menschen, der verstorben ist, standen oder stehen: Die Datenlage dieser Begegnungen ist überwältigend[284], und es ist noch schwieriger, diese zu ignorieren als zu akzeptieren, dass der Tod wohl nicht das Ende unserer Existenz bedeutet.

## 27. Wandel der Weltanschauung und Verwandlung

Aus den unterschiedlichen Erfahrungen geht hervor, dass Zeit und Raum nicht so fix sind, wie wir früher annahmen. Menschen tauchen an Orten auf, wo sie nicht physisch anwesend sind, längst Verstorbene erscheinen mitunter wie aus Fleisch und Blut, als wären die Uhren stehengeblieben, und in manchen Nahtod-Erfahrungen verläuft der Lebensüberblick nicht nur rückwärts, sondern auch vorwärts, noch über die augenblickliche Zeit hinaus. Ich habe Berichte aus erster Hand gehört, denen zufolge die Zeit große Sprünge gemacht hat. Eine Schwedin zum Beispiel berichtete mir von ihrem einschlägigen Erlebnis, dass sie über alle Zweifel an einer geistigen Welt hinweg sehen ließ: Eines Morgens, als sie zwischen Aufwachen und Schläfrig-sein im Bett lag, hörte sie klar und deutlich an ihrer linken Bettseite die

284 Die Daten liefern für Haraldsson »increasingly suggestive – if not convincing – evidence for life beyond the physical body« (Haraldsson 2012, S. 241).

Stimme ihres damaligen Buchhalters, den sie nicht allzu gut, aber durch ihre berufliche Verbundenheit etwas kannte. Die Stimme sagte: »Ich habe mich umgebracht.« Das war alles. Der Mann lebte aber tatsächlich, doch rund anderthalb Jahre später, nachdem die Schwedin lange nichts von ihm gehört hatte, sah sie die Todesanzeige in der Zeitung. Er hatte sich umgebracht. Keiner wusste den Grund, denn er galt als ein froher, freundlicher Mensch.

War das Zufall, oder war es eine Zeitverschränkung, dass der Mann, der erst in der Zukunft sterben sollte, schon vor dem Tod erschien? Oder hatte er schon viel früher Selbstmordgedanken, und die Schwedin hatte es telepathisch erfasst?

In einem anderen Fall sagte eine Sterbende in ihren letzten Stunden: »Erst in drei Wochen!« Niemand verstand den Satz. Tatsächlich war ihr drei Wochen *zuvor* im Wachsein und beim Laufen ein großer Engel erschienen. Die Engel-Erscheinung drei Wochen vor ihrem Tod hatte sie gleich am Tag danach auf Englisch und Deutsch in meinem Beisein aufgeschrieben.[285]

Sehr viele Menschen, die eine einschneidende Erfahrung wie eine NTE gemacht haben oder eine andere tief berührende Begegnung mit einer verstorbenen Person in einem anderen Zusammenhang erlebt haben, berichten von einer Umwälzung ihres gesamten Lebens aufgrund dieser Erfahrung. Bei Nahtod-Erfahrungen spielen noch weitere Faktoren eine Rolle, etwa die Erscheinung und der Kontakt mit einem außergewöhnlich hellen Licht, während bei Erscheinungen Verstorbener kurz nach deren Tod nicht selten von einem Lichtphänomen berichtet wird, einem Licht, das sich erst allmählich in das Bild der abgeschiedenen Person verwandelt. Auch das Licht, das mitunter von Angehörigen oder Krankenschwestern um eine sterbende Person he-

285 Vollständiger Bericht in Puhle 2013, Light Changes.

rum oder aus ihr herausschwebend wahrgenommen wird, zeigt die enge Verknüpfung von Tod und nicht-physischem Licht.

Die tiefen Erfahrungen über die Schwelle des Todes hinaus finden nicht nur typischerweise in einem veränderten Bewusstsein statt, sondern sie erweitern auch das Bewusstsein und die Einstellung zum Leben überhaupt. Alte materialistische Wertvorstellungen verlieren ihre Anziehung, da nun ein größerer Zusammenhang erkannt wird, der ein geistiges Sein als das Wesentliche erkennen lässt. Mit der neuen Erfahrung kommt auch die Kraft, die frischen Erkenntnisse und Einblicke in eine nicht-materielle Wirklichkeit in die Tat umzusetzen, in die tägliche Praxis. Es ist etwas anderes, etwas selbst erfahren zu haben, als über etwas nachgedacht oder davon gehört oder gelesen zu haben. Die Betroffenen haben es er-*lebt*, es ist für sie real geworden und geblieben. Trotz der bedrückenden Schwere und dem tiefen Schmerz, der mit Stress, Depression, Krisen, Unfall, Krankheit und Tod einhergeht, schlummert in diesen Erfahrungen ein wertvolles Potenzial, das letztendlich für ein neues, reicheres und vollkommenes Leben sorgt. Und das ist keineswegs »nur« ein persönlicher Effekt, sondern nimmt Einfluss auf die Mitmenschen und deren Denken und Handeln, auf die Umwelt und Natur.

Unsere Reise in die andere Welt hat gezeigt, dass viele von uns mit ihren geliebten Menschen nach dem Tod verbunden bleiben. Wir runden sie mit dem Erfahrungsbericht einer Inderin ab, die in Hongkong aufwuchs und dort eine britische Schule besuchte. Trotz ihres indischen kulturellen Erbes, nach dem Ehen von den Eltern ausgesucht werden, löste sie sich drei Tage vor der arrangierten Hochzeit. Sie brachte damit nicht nur Schande über ihre eigene Familie, sondern auch über die ihres Verlobten. Sie und ihr Verlobter hätten nach indischem Gedankengut keine Chance, jemals wieder einen Ehepartner zu finden. Dieses Drama führte zu einem gestörten Verhältnis mit ihrem

Vater, und als er starb, wurde sie das Gefühl nicht los, dass sie ihn im Stich gelassen und enttäuscht hatte und nicht die Tochter war, die er sich gewünscht hatte. Für sie selbst folgten vier Jahre schwerer Zeit. Krankheit – bösartige Lymphome in Zitronengröße überall um den Hals herum sowie an vielen anderen Körperstellen. Sie lag in Hongkong im Krankenhaus und fiel für etwa dreißig Stunden ins Koma, bis sie am 2. Februar 2006 von den Ärzten aufgegeben wurde und ihre Angehörigen an ihr Sterbebett gerufen wurden. Doch für Anita Moorjani begann jetzt eine Reise, die ihr Leben von Grund auf verändern sollte, eine Transformation:

**BEDINGUNGSLOSE LIEBE**

(Erfahrung 69)

... Mein Vater war da. Ich fühlte, dass er immer da war während meiner Krankheit... Und hier war ich nun mit ihm in der anderen Welt. Seine Essenz und meine Essenz und alles, was ich von ihm und für ihn fühlte, war reine, bedingungslose Liebe. Er verurteilte mich ein bisschen für irgendetwas, das ich getan hatte. Und während ich hier in dieser Welt war, erkannte ich: Wenn wir sterben, lassen wir nicht nur unseren physischen Körper, sondern auch unser Geschlecht, unsere Kultur, unsere Rasse, unsere Religion und all die anderen Schichten von Filtern und Programmierungen, die wir im Laufe des Lebens angehäuft haben, zurück... Was ist es dann, das hinübergeht? Ich erkannte, dass das, was hinübergeht, unsere reine Essenz ist, und wir können es reine Liebe, wir können es einfach Gott nennen. Wir können es nennen, wie wir wollen, aber es ist alles ein und dasselbe. Und ich erkannte... dass meine reine Essenz und die reine Essenz meines Vaters miteinander kommunizierten. Und wenn reine Essenz und reine Essenz miteinander kommunizieren, gibt es keinen Raum für Missverständnisse. Da ist kein Ego involviert... und ich wusste alles, was er mich wissen lassen wollte. Und er wollte, dass ich wusste, dass er mich liebte... Und ich wusste in diesem Moment, dass, wenn wir hinübergehen, alles, was wir haben, reine, bedingungslose Liebe ist. An diesem Punkt spürte ich, dass mein Vater mich wissen lassen wollte, dass es noch nicht meine Zeit war... [Auch ihre wenige Jahre zuvor verstorbene beste Freundin war da.] Alles, was ich von ihr fühlte, war reine, bedingungslose Liebe. Es fühlte sich an, als wäre ich umgeben von liebevollen Wesen. Ich habe nicht alle von ihnen wiedererkannt, aber ich wusste einfach, dass sie alle da waren, um mir zu helfen... In dieser Welt fühlte ich, dass Gott nicht von mir getrennt ist. Vielmehr verschmolz ich mit dem Allumfassenden. Ich bin tatsächlich das geworden, was ich als Gott wahrnahm. Ich realisierte, dass jede einzelne Person, wenn sie stirbt, mit dem verschmilzt, was wir als Gott auffassen... Wenn ich meine Aufmerksamkeit auf meine Familienmitglieder lenkte, war ich bei ihnen. Wenn ich meine Aufmerksamkeit auf meine geliebten Verstorbenen richtete, war ich bei ihnen... Ich war mir auch bewusst über andere Leben, die ich mit meinem Bruder [der in Indien lebt] geteilt hatte... Ich fühlte in all dem meinen Vater, der mich ermutigte zurückzugehen... »Du hast einige Gaben, wenn du dich entscheidest, zurück ins Leben zu gehen. Wenn du nicht zurückgehst, wirst du diese Gaben nicht entfalten.« Genau in diesem Moment traf ich die Entscheidung zurückzugehen...

(Anita Moorjani im Interview von Hay House HEA, summit, 22.11.21, übersetzt von A. Puhle)

Der Heilungsprozess ging nun für alle überraschend rapide vonstatten. Die ersten Zeichen der Heilung traten innerhalb von Tagen auf, und bereits nach fünf Wochen wurde Anita Moorjani aus dem Krankenhaus entlassen – ohne ein Zeichen von Krebs. Sie wurde viel getestet, und der Krankenbericht liegt vor. Eine solche lebensverändernde Erfahrung trägt viele Früchte, etwa die Sicherheit, dass wir das Leben nach dem Tod nicht fürchten müssen. Schöner noch bestätigt Anita Moorjani, was wir alle von Anfang an im tiefsten Grunde unseres Herzens wissen: Wir entstammen der Liebe, wir sind Liebe, und wenn wir hinübergehen, ist alles, was wir haben und was wir sind, reine, bedingungslose Liebe. Die Gewissheit dieser Liebe wirkt heilend und macht uns im irdischen Leben wieder ganz und heil, indem sie die verlorene Einheit von Körper, Geist und Seele wiederherstellt. Sie hebt auch die Grenze von Tod und Leben auf, die nur ein von der Ganzheit getrennter Verstand zieht. Spaltung und Trennung aber sind Attribute des Diabolischen, des Entzweiten – zu griechisch *diabállein*, entzweien. Erst wenn wir den Zusammenhang neu erkennen, wird klar: Die Lebenden sind mit den Toten in Liebe verbunden.

## 28. Liebe nach dem Tod

Ein kleiner Fauxpas passierte der zuständigen Person in der Kopierstelle der Österreichischen Nationalbibliothek in Wien, wo ich »Das Büchlein vom Leben nach dem Tode« von Theodor Fechner zum Kopieren und Binden eingereicht hatte. Der auf dem Buchrücken gedruckte Titel lautete »Liebe nach dem Tod«. Als ich den freundlichen Herrn auf den netten Irrtum aufmerksam machte, wollte er es sofort ändern, doch ich winkte ab. Dieser Titel passt tatsächlich auch sehr schön zum Thema Leben nach dem Tod.

Wenn wir in der Konsensus-Realität von Liebe und gar bedingungsloser Liebe sprechen, ist das wohl hochgestochen. Wir mögen zwar das Gefühl von tiefer Liebe und Begeisterung, wahrhafter Be*geist*erung im Gegensatz zu Leidenschaft, die bekanntlich Leiden schafft, in uns verspüren, doch mit dem dauerhaften Umsetzen im täglichen

Leben hapert es oft. Momente von inniger Liebe sind anscheinend ein Vorgeschmack, eine Vorahnung von einer noch reineren und schöneren harmonischen Wahrnehmung. Ähnlich wie Anita Moorjani die vollkommene Liebe erlebte, sieht Fechner den Menschen im Zustand des Lebens nach dem Tod, in dem sich dessen Leben mit dem von anderen Geistern zu einem höheren Leben in dem höchsten Geist verflicht.[286]

Die Vorstellung über den Tod hinausreichender Liebe ist romantisch. Romantisch, da sie einen der Hauptaspekte der Ära der deutschen Romantik erfüllt: die Sehnsucht nach Vollkommenheit. Diese uralte Sehnsucht der Menschheit flackerte in der Romantik hell leuchtend wieder auf und hat sich in allen kulturellen Bereichen widergespiegelt, in der Wertschätzung von Mythen und Märchen, in Philosophie, Dichtung, Literatur, in Architektur, Malerei und Musik. Auch die Wissenschaft hat sich dem Unsichtbaren neu zugewandt: Der Seele, dem Bewusstsein und Nicht-Bewussten wie der Welt der Träume. Inzwischen eilt auch die Physik mit Meilenstiefeln voraus und untermauert zum Beispiel die in der Bevölkerung meist unbewusst gelebten Wahrheiten. Die tiefgreifenden geistigen, spirituellen oder religiösen Erfahrungen werden heute mehr und mehr in den Rahmen wissenschaftlicher Forschung wie der Psychologie, Biologie, Physik und Quantentheorie eingebettet, die z. B. ASW anhand jahrzehntelanger Labor-Forschung wie der Ganzfeld-Technik (Adrian Parker) demonstriert haben und mit Konzepten wie *Morphogenetischen Feldern* (Rupert Sheldrake) und *Quantenverschränkung* – Einstein sprach von *spukhafter Fernwirkung* – längst weltweit Popularität erlangt haben.

Ganzheitliche, spirituelle Therapeuten, Ärzte und Lehrer*innen aus vielen, auch nicht-industrialisierten Ländern haben uns gezeigt, wie elementar die Erkenntnis ist, dass alles im Universum eine Einheit

286 M. Bertleff (Hrsg.): G. Th. Fechner. Kleine Schriften. Vergleichende Anatomie der Engel. Das Büchlein vom Leben nach dem Tode. Wien: Karolinger, 1953, S. 47.

bildet, und wie heilsam sich diese Einsicht auf unser physisches, psychisches, geistiges und praktisches Leben auswirkt. Die Begrenzung durch Zeit und Raum, die wir in diesem Leben wahrnehmen, ist eine Täuschung, die wir selbst in unserem Denken und Fühlen, im Wachen wie im Träumen leicht aufheben können. Die Verbundenheit mit den Verstorbenen ist konkret erfahrbar, potenziell für alle.

# Geht es weiter?

## 29. Die Evidenz auf einen Blick

Wir haben eine weltweit ständig wachsende Datensammlung, die allein durch ihre überwältigende Menge für sich spricht und damit den uralten weltweiten Überzeugungen von einem Weiterleben nach dem Tod entspricht. Selbst wenn nach sorgfältiger Prüfung aus dieser Sammlung einzelne Fälle wieder aussortiert werden müssen, bleibt ein beachtlicher Corpus von Daten erhalten. Einzelfallstudien sind in vielerlei Hinsicht sehr aufwendig und oft im Nachhinein nicht möglich. Von der Gesamtmenge gewinnen wir immerhin ein typisches Bild, ein Muster von sich wiederholenden Aspekten bei Erfahrungen mit Verstorbenen. Dieser Überblick zu den wichtigsten Kriterien, nach denen die Evidenz eines einzelnen Falles eingestuft werden kann, verweist auf drei zu beachtende kritische Punkte, die stets vorab geklärt werden sollten, und anschließend auf fünf Aspekte, die für die Evidenz einer Erfahrung sprechen:

1. Jeder Fall muss nach der Seriosität der ihn untersuchenden Person, egal wie alt er ist, ausgewertet werden. Auch historische Fälle können diesem Kriterium gerecht werden oder sehr nahekommen, wie das Paradebeispiel aus der deutschen Geschichte

von der Seherin von Prevorst, Friederike Hauffe, das mehrere positive Kriterien erfüllt.[287]

2. Jeder Fall muss einer sorgfältigen kritischen Prüfung unterzogen werden. Die Liste der möglichen Alternativerklärungen sollte nicht blind angewandt werden, sondern jeder Fall muss individuell geprüft werden, ob er den potenziellen Kritikpunkten standhalten kann. Die wichtigsten Kriterien, die ausgeschlossen werden sollten, sind Sinnestäuschung, Gedächtnisfehler, die Gewohnheit, einen Menschen um sich zu haben, eine starke Motivation und das Bedürfnis, die verstorbene Person zu sehen (wie bei verwitweten Menschen). Beide, eine starke Motivation und das Erinnerungsvermögen, beeinträchtigen die Wahrnehmung und können zu Halluzination und Autosuggestion führen.
3. Fabulieren – im Sinne von fantasievollem Ausschmücken einer Erfahrung – und Konfabulieren – als Zeichen von Wahrnehmungs- und Erinnerungsfehlern – tragen nicht zur Evidenz einer Erfahrung für das Fortleben bei. Zu lange und zu märchenhafte Geschichten sprechen eher für Fantasie und Wunschdenken. Generell sind Beispiele von Erfahrungen, die aus dem Rahmen fallen und keine oder kaum mit den Mustern der meisten Fälle übereinstimmen, mit Vorsicht zu betrachten.

Während diese drei Kriterien ausgeschlossen werden müssen, bieten vor allem fünf weitere Aspekte Evidenz für die Weiterexistenz der Verstorbenen unabhängig von den Bedürfnissen und der Fantasie der Lebenden:

1. Fälle, die Informationen enthalten, die die Betreffenden zu diesem Zeitpunkt nicht kannten oder wissen konnten.

287 Justinus Kerner 1829, Die Seherin von Prevorst; s. a. Puhle 2019, Bd. 3, S. 66-132.

2. Fälle, in denen sich eine Willenskraft, Intention, ein Insistieren der verstorbenen Person erkennen lassen; dazu gehören Fälle von wiederkehrenden, hartnäckigen Erscheinungen, die sich erst nach Beachtung des Willens oder Anliegens der Verstorbenen auflösen.
3. Fälle von Erscheinungen von Toten, von deren Tod die Rezipienten nichts wussten, auch nicht von einer lebensbedrohlichen Lage oder Krankheit der betreffenden Verstorbenen (*Peak-in-Darien*).
4. Fälle von Sterbenden, die Erscheinungen von Toten haben, von denen sie zu dieser Zeit zu wissen meinen, dass sie leben.
5. Fälle von Reinkarnation, sowohl *CORT,* Ankündigungsträume als auch und insbesondere *CORT-I*.

## 30. Wie könnte es weitergehen?

»Wer da meint, sein Daseyn sei auf sein jetziges Leben beschränkt, hält sich für ein belebtes Nichts« – krasser als Arthur Schopenhauer kann man es kaum ausdrücken.[288] Wer beim Sinnen über das eigene Leben zu einem anderen Resultat kommt, ist nicht allein, denn die überwältigende Anzahl von Begegnungen mit geliebten Verstorbenen, die Betroffene in sehr unterschiedlichen Situationen und Bewusstseinszuständen erlebt haben, weist deutlich auf ein Weiterleben nach dem physischen Tod hin. Für die große Mehrheit der Betroffenen lassen diese Erfahrungen keinen Zweifel: Sie sind real, oft sogar noch realer als real, und das Leben hört mit dem Tod nicht auf. Auch für die nicht persönlich Betroffenen wird klar: Diese Begegnungen lassen

288 Schopenhauer, Parerga Paralipomena II, §138.

sich nicht durchweg als Gehirnprodukte der Lebenden erklären. Doch diese Feststellung führt unweigerlich zu weiteren großen Fragen: Wer oder was überlebt den Tod? Wie lange geht es weiter? Und wo sind die Toten?

Bei der Beantwortung der ersten Frage geraten wir in die Physik, die schon lange bestätigt: Je tiefer wir in die Zellen und ihre Moleküle eindringen, umso klarer wird, dass sich dort ein Vakuum auftut. Beim Blick nach innen wird es nicht enger und enger, sondern weiter und weiter, unendlich weit. Was alle »Teilchen« tatsächlich im Innersten zusammenhält und zu einer scheinbaren Materie formt, sind ihre Relationen zueinander, ist Energie oder mit den alten Weisen gesagt: Es ist die Lebenskraft. Gerade hierin verbirgt sich das große Geheimnis: Was von einem Menschen weiterleben könnte, sind keine festen »Teilchen«, sondern geistige und emotionale Aspekte seines Bewusstseins. Die Psychologie hat lange hin und her geforscht, ob das bewusste Bewusstsein (das Unbewusste ausgeklammert) oder die Emotionen die jeweils andere Seite des Menschen beherrschen, bis sie zu dem Ergebnis kam, dass es sich um einen Kreislauf handeln müsse, in dem sich beide wechselseitig beeinflussen.[289] Es könnten also die Erfahrungen, Emotionen, Motivationen oder Intentionen der Verstorbenen sein, die sich den Lebenden in unterschiedlicher Weise präsentieren und von ihnen im Wachen oder typischerweise in einem veränderten Bewusstseinszustand wahrgenommen werden. Dies erklärt zwar nicht, *wie* diese Wahrnehmung zustande kommt, doch es ist hilfreich, sich den Kontakt wie eine telepathische Verbindung vorzustellen, was wiederum nur eine Bezeichnung und noch keine Erklärung ist. *Was* wir heute allerdings wissen, ist, dass ASW zwischen Lebenden funktioniert. Warum nun mit manchen Verstorbenen überhaupt keine Verbindung

289 Siehe Puhle 2021, Kap. 15, S. 115-119: »Magie in Potenz«.

wahrgenommen wird, kann an beiden Seiten liegen, auch an den Lebenden, die möglicherweise keinen Zugang zu der nicht-rationalen Seite ihres Bewusstseins haben, so wie sich manche nicht gut oder gar nicht an ihre Träume erinnern können. Was die Motivation der Verstorbenen anbelangt, so mag dies mit deren früherer Lebensweise und Beschäftigung mit geistigen Themen zu tun haben. Dies könnte ein Schlüssel sein: Wie weit hatte sich ein Mensch zu Lebzeiten vom irdischen Leben schon gelöst?

Hier kommt die Idee der Reinkarnation ins Spiel: Wenn das Leben, sei es durch gewaltsamen oder zu frühen Tod, durch Unfall oder auf noch andere Weise unbefriedigend abgeschlossen wurde, scheint dies ein triftiger Grund für eine Wiederkehr zu sein, für eine Rückverbindung mit der irdischen Welt. Das muss nicht die Rückkehr des gesamten Menschen und seiner gesamten Persönlichkeit und Identität bedeuten, sondern könnte gezielt die unverarbeitet gebliebenen Erfahrungen oder Absichten und Vorhaben betreffen, die den Menschen früher belastet haben. Danach könnte ein neugeborener Mensch ganz bestimmte Erfahrungen, mit denen er in Resonanz ist und die sich auch als Geburtsmale an ihm physisch manifestieren können, aus dem Ozean der Seelen herausfischen und sich dadurch mit dieser früheren Person identifizieren. Gibt es einen unbekannten Regisseur im Universum, der die unverarbeiteten und unvollendeten Dinge eines jeden Lebens zu einem guten, befriedigenden Ende weiterspinnen will?

Die letzten beiden Fragen betreffen Zeit und Raum, in denen sich das nachtodliche Leben abspielt. Um zu ihnen etwas sagen zu können, müssen wir eine non-duale Position einnehmen, ganz wie in Träumen und anderen veränderten Bewusstseinszuständen. Aus dieser Sicht ist nichts getrennt, sondern alles und wir alle sind in einer unendlichen Ureinheit miteinander verbunden. Wie sonst wären PSI-Erfahrungen möglich, die uns mit Menschen über die Distanz verbinden, mit Geschehnissen in weiter Ferne und vor allem mit Menschen, die gerade völlig unerwartet ganz woanders sterben oder soeben oder schon längst verstorben sind.

Allein zu der Frage bezüglich der Zeitspanne eines Lebens nach dem Tod kommen allerlei Gedanken auf: Lebt das Bewusstsein nur für eine begrenzte Zeit weiter oder bleibt es ewig bestehen? Gehen wir von dem Weiterleben des Bewusstseins einer ganzen Person aus, dann mag sich das Rad des Karma für diese Person eine gewisse Zeit lang drehen, bis ihre Seele nach vielen Inkarnationen in das Unendliche eintaucht. Denken wir dagegen an einzelne Bewusstseinsaspekte, an bestimmte Erfahrungen, Emotionen, Motivationen oder Intentionen, die überleben und mit denen sich ein neugeborener Mensch identifiziert, indem er sich intensiv an sie erinnert, so wäre dies auch ohne ein karmisches Rad vorstellbar, und zwar als eine einmalige Rückkehr dieser bestimmten unverarbeiteten Aspekte. In Europa geht der Arzt Bombastus von Hohenheim, bekannt als Paracelsus, davon aus, dass ein Mensch nach seinem Tod zunächst noch eine Weile erdverbunden bleibt und in diesem Zustand auch als Geist in einem feinstofflichen Körper erscheinen kann, bis die Seele schließlich in ihren göttlichen Urgrund eintaucht. Dieses Konzept passt zu der Forschung, der zufolge Erscheinungen unmittelbar nach dem Tod am häufigsten berichtet werden und dann graduell seltener werden. So wäre dies ein Vorgang, der sich parallel zu der Auflösung der physischen Relationen im Körper vollzieht und auf die sich langsam lösenden Energien des verstorbenen Körpers, seiner durch Energie zusammengehaltenen »Teilchen« hindeutet. Allerdings gibt es viele verschiedene Arten der visuellen Erscheinung von Verstorbenen. Sie reichen von solide (selten) bis transparent (häufiger), von vollkommen bis bruchstückhaft, und diese Formen sind nicht an eine bestimmte Zeit nach dem Tod gebunden. So kann eine Erscheinung noch nach Jahren realistisch wirken. Wir wollen aber den Rahmen unseres Themas nicht zu weit dehnen.

Zum dritten Punkt hinsichtlich des Ortes des Weiterlebens hat uns die weltweite Kulturgeschichte gezeigt, wie stark unser menschliches Bedürfnis ist, einen Ort für die Seelen festzulegen, sei es, allein in der europäischen Tradition, der Hades, Avalon oder das Paradies. Nun sind aber weder Zeit noch Raum absolute Kategorien, sondern bloße Konzepte des Denkvermögens, das Grenzen setzt. Das Ewige und das räumlich Unendliche können wir zwar mit Worten benennen, aber wirklich vorstellbar ist keines von beiden. So überspringen die Kontakte mit den Toten nicht nur die Vorstellungen eines zielgerichteten Zeitgeschehens, sondern auch die Raumvorstellungen des irdischen Daseins.

Es ist eine herausfordernde Aufgabe für die zukünftige Forschung, nicht nur für die immer mystischer werdende Physik, speziell die Quantenphysik, sondern auch für viele andere Disziplinen, der Frage nach dem Sein nach dem Tod tiefer auf den Grund zu gehen. Menschen sind fragende Wesen, und die Ur-Frage nach dem Tod, nach Anfang und Ende des Lebens wäre überflüssig, wenn wir nicht spürten, dass unser irdisches Leben nur ein unermesslich kleiner Ausschnitt aus einem größeren Zusammenhang ist. Dann wäre auch alle Philosophie und unser Bedürfnis nach Sinn und Bedeutsamkeit des Lebens nichts als ein unnützes Anhängsel. Ist aber unser aller Bewusstsein in einem universalen Bewusstsein miteinander vernetzt, was die Erfahrungsberichte und Forschungsergebnisse implizieren, dann verlieren die Grenzen von Zeit und Raum ihre Schärfe, und Lebende und Verstorbene sind verbunden.

# Nachwort von Adrian Parker[290]

Kann die Wissenschaft eine Antwort darauf geben, was beim Tod mit unserem Bewusstsein geschieht?

Bis vor Kurzem würden die meisten Wissenschaftler die Frage als »No-Brainer« oder Oxymoron, als super einfach oder sich selbst widersprechend betrachten, da sie die düstere Ansicht vertreten, dass wir beim Tod in unsere chemischen Bestandteile zerfallen. Da Pathologen niemals so etwas wie eine Seele in unserem Körper entdeckt haben[291], muss unser Bewusstsein eine Illusion sein, produziert durch chemische Aktivitäten des Gehirns. Der Biologe Francis Crick (der Mitentdecker der DNA-Helix) bemerkte: »Sie sind nichts anderes als ein Bündel Neuronen. Sie, Ihre Freuden und Ihre Sorgen, Ihre Erinnerungen und Ihre Ambitionen, Ihr Bewusstsein Ihrer eigenen Identität und des freien Willens sind in Wirklichkeit nicht mehr als das Verhalten einer riesigen Ansammlung von Nervenzellen und ihren zugehörigen Molekülen.«

290 Dr. Adrian Parker ist Klinischer Psychologe, Psychobiologe und Professor (em.) für Psychologie an der Universität Göteborg, Schweden, und seit 2021 Präsident der *Society for Psychical Research*, London. Mit seinen Ganzfeld-Experimenten gehört er zu den Pionieren der Telepathie-Forschung.

291 Anmerkung der Autorin: Bekannt wurde der Rudolf Virchow zugeschriebene Satz »er habe so viele Leichen seziert, doch nie eine Seele gefunden.«

Es sind die aktuellen Entwicklungen in der Physik, die nun zu einem Perspektivwechsel führen, was diese Neuronen und molekularen Strukturen sind. Anstatt als konkrete zerstörbare Objekte werden sie als abstrakte Konzepte angesehen, die unser Verstand erfindet, um die Welt um uns herum zu erklären. Nach dieser Ansicht ist das Bewusstsein primär, und die Welt existiert nicht ohne das Bewusstsein, das sie wahrnimmt. Dieser Perspektivwechsel ist nicht das Ergebnis einer einzigen Entdeckung in der Physik, sondern einer Serie. Es ist seit vielen Jahren bekannt, dass die Identität von Licht als Teilchen oder als Welle von der Wahrnehmung des Beobachters abhängt, aber kürzlich wurde entdeckt, dass das Verhalten von Teilchen auch eine grundlegende Verbundenheit aufweist. Atomare Teilchen, die zuvor gepaart und dann durch mehrere Meilen getrennt waren, zeigen dies, wenn der Spin des einen verändert wird und der andere reagiert. Es sind nicht nur die seltsamen Phänomene, die die Physik verändern, sondern auch die Art und Weise, wie sich die Materie, sei es in Form von Neuronen oder dem Boden, auf dem wir stehen, in mathematische Formeln aufgelöst hat, die pulsierende Energiefelder beschreiben. Wenn wir der String-Theorie der modernen Physik folgen, dann werden die drei Dimensionen unserer alltäglichen Realität zu einer totalen Illusionisten-Kulisse, hinter der sich zwölf oder mehr Dimensionen befinden. Die Veränderung ist so radikal, dass sie die Physik fast zu einem Zweig der Psychologie gemacht hat. Einige Physiker gestehen dem Bewusstsein zu, dass es nicht nur bei der Gestaltung der Welt, sondern auch beim Ergebnis alltäglicher Ereignisse eine primäre Rolle spielt, und nach dieser Ansicht kann sich die Realität in scheinbar endlose Multiversen teilen.

Natürlich haben viele Physiker jetzt Angst, den seltsamen, aber zutiefst wichtigen Erfahrungen, die in diesem Buch diskutiert werden, Aufmerksamkeit zu schenken, weil dies die Position der Physik als Krone der Wissenschaften vollständig untergraben würde. Wir müssen uns an jene Psychologen und Philosophen wenden, die es gewagt haben zu untersuchen, was hinter den Erfahrungen stecken könnte. Der Gründungsvater der Psychologie ist der Arzt und Philosoph William James. James war fasziniert von veränderten Bewusstseinszuständen und betonte, dass unser normaler rationaler Bewusstseinszustand nur einer von vielen Zuständen ist. Er schrieb: »Die meisten Menschen leben in einem sehr begrenzten Kreis ihres potenziellen Seins. Sie nutzen einen sehr kleinen Teil der Möglichkeiten ihres Bewusstseins und generell der Ressourcen ihrer Seele, ähnlich wie ein Mensch, der sich daran gewöhnen sollte, von seinem ganzen Organismus nur seinen kleinen Finger zu benutzen und zu bewegen.« James war ebenso fasziniert von der Kommunikation, die angeblich von den Toten durch die Trancemedien dieser Zeit (frühe 1900er Jahre) kam, und deren Behauptungen, Geister zu channeln. Nach vielen Sitzungen mit einem der am meisten untersuchten Medien aller Zeiten, Mrs. Piper, blieb James immer noch unsicher über die Authentizität der Geisterkommunikation, aber er wurde vollständig von der Realität der Telepathie überzeugt und betrachtete dies als Hinweis auf eine grundlegende Verbundenheit zwischen den Menschen. Unter Berücksichtigung von Telepathie und veränderten Bewusstseinszuständen betrachtete James das Gehirn als einen Sender des Bewusstseins. Das Gehirn produziert nicht das Bewusstsein, sondern begrenzt es, und dahinter verbirgt sich eine Form von universellem Bewusstsein. Für James ist dieses universelle Bewusstsein in verschiedenen Formen in das Universum eingebettet – eine Sichtweise, die Panpsychismus genannt wird. In seinen eigenen Worten: »Wir sind wie Inseln im Meer, an der Oberfläche getrennt, aber verbunden in der Tiefe.«

James‘ philosophische Sichtweise stand der von Hegel und Schopenhauer insofern nahe, als dieses universelle Bewusstsein, auf das er sich bezog, keine allmächtige Gottheit war, sondern eine aus pluralistischen Kräften zusammengesetzte. Trotz dieser Verbindung zu klassischen Philosophen war James seiner Zeit voraus damit, diese Themen in die Wissenschaft einzuführen. Die Folge war, dass seine Kommentare und Schlussfolgerungen über Bewusstsein und Telepathie von Psychologen weitgehend ignoriert wurden und diese sich stattdessen auf seine beachtlichen Beiträge zu Emotions- und Gedächtnistheorien konzentrierten, die durch spätere Forschung weitgehend bestätigt wurden und ihm eine wichtige Rolle in der Geschichte der Psychologie verschafften. Dennoch ist es ihm zu verdanken, dass die spätere Forschung nun seine Schlussfolgerungen zu den in diesem Buch beschriebenen Phänomenen bestätigt. Es gibt wichtige Werke, die dies zusammenfassen, wie Steve Taylors *Spiritual Science*, Ed Kellys *Consciousness Unbound* und Larry Dosseys Bestseller *One Mind*. Es sollte auch erwähnt werden, dass der Philosoph und ehemalige CERN-Physiker Bernard Kastrup kürzlich eine provokative und Aufmerksamkeit erregende Behauptung aufstellte, die auch an James erinnert. Er stellte die eigenwillige Behauptung auf, Gott leide an einer »dissoziativen Persönlichkeitsstörung«, früher als »multiple Persönlichkeit« bekannt – was bedeutet, dass unser erweiterter Geist ein abgespaltener Teil des universellen Bewusstseins ist. Zu dieser aktuellen Perspektive kommt die Theorie des Physikers Bernard Carr (der erste Doktorand von Stephen Hawking), die das Bewusstsein als zusätzliches Attribut der Materie ansieht, wobei er zu Recht betont, dass wir, obwohl wir dazu neigen, als Zombies durch das tägliche Leben zu gehen, gelegentlich in einem mystischen Zustand aufwachen und feststellen, dass das Bewusstsein tatsächlich zeitlos ist. Wie hilft all dies, die vielen verschiedenen in diesem Buch diskutierten Phänomene – Nahtod-Erfahrungen, Sterbebetterfahrungen, Nachtodkommunikation, mediale Kommunikation mit Verstorbenen, Erscheinungen, Reinkarnationserfahrungen – zu erklären? Wir müssen zuerst fragen und eine Antwort auf die Frage finden: Was sind wir? Wenn wir bedenken, dass unser Bewusstsein jede Nacht auf natürliche Weise transformiert wird, indem das Gewahr-Werden unseres Selbst im Schlafzustand aufgehoben wird, aber durch Interventionen wie Hypnose und psychedelische Erfahrungen transformiert werden kann, dann scheint die Antwort klar zu sein: Wir sind Quellen bewussten Gewahrseins, die sich radikal ändern können, aber wenn wir in unserer Konsensus-Realität funktionieren, werden wir von unserem Ego eingeengt und sorgfältig bewacht. Ganz so wie James es beschreibt, können wir unter den gegebenen Umständen unserem »Selbst« entfliehen, und dies ermöglicht uns, direkt daran teilzunehmen, was andere erleben. Die Erfahrungen von Telepathie und Empathie sind eng miteinander verbunden, und es scheint, dass, wenn die Begrenzungen aufgehoben werden, die damit verbundenen Erfahrungen unabhängig von Zeit und Raum sind. Aber was bedeutet das wirklich für das Thema Leben nach dem Tod? Wenn wir alle, wie einige der oben genannten zeitgenössischen Forscher meinen, abgespaltene Teile eines Geistes sind und sich das Bewusstsein potenziell in der Dimension Zeit ausdehnen kann, dann kann ein Teil von uns buchstäblich zu der toten Person werden, um die wir trauern und die wir suchen, oder vielleicht im Falle von Reinkarnationserfahrungen zu der Person werden, die wir einmal waren.[292] Das würde bedeuten, dass diese Teile von uns in irgendeiner Form weiter existieren. Vielleicht erkennen wir das zu einem gewissem Grad, wenn wir zu den Verstorbenen am Grab sprechen. Die Familie eines verstorbenen deutschen Freundes von mir scheint dies auf sehr einfache, aber explizite Weise auszudrücken, als sie in ihrem Nachruf an ihn schrieb: »Irgendwo in uns sind wir immer zusammen.«

292 Anmerkung der Autorin: Von Trancemedien wie Mrs. Leonora Piper und Mrs. Osborne Leonard ist bekannt, dass sie sich vollkommen mit der kontaktierten verstorbenen Person identifizierten. Ebenso ist dieser Gedanke relevant für das Phänomen »Besessenheit«.

# Zwei Fragebögen und Aufruf zu eigenen Erfahrungsberichten

Zwei Fragebögen für die zukünftige Forschung über Träume mit Verstorbenen wurden entwickelt. Sie können beide ebenfalls für Kontakte mit Verstorbenen in unterschiedlichen Bewusstseinszuständen ganz allgemein benutzt werden. Der erste und kürzere Fragebogen umfasst zwölf zentrale Fragen, basierend auf früheren Forschungsergebnissen zu den häufigsten Träumen dieser Art (Cooper; Garfield; Saunders; Elsaesser et al; LaGrand; Fenwick & Fenwick; und viele andere, siehe unter »Literatur«). Obwohl dieser Fragebogen sowohl für retrospektive Studien als auch für in der Literatur erfasste Berichte konzipiert ist, kann er natürlich auch auf die Befragten angewandt werden. Der erste Fragebogen bezieht sich auf die am häufigsten berichteten Aspekte von Träumen von Verstorbenen:

| | | | |
|---|---|---|---|
| 1. | Gab es eine Botschaft »Hallo, ich lebe«? | ja | nein |
| 2. | Hieß es »Mir geht es gut«? | ja | nein |
| 3. | Hieß es »Ich leide«? | ja | nein |
| 4. | War es ein Abschied? | ja | nein |
| 5. | Hat der Traum Zuspruch bedeutet und Trost gespendet? | ja | nein |

| | | | |
|---|---|---|---|
| 6. | Hat die Traum-Person Hilfe von der träumenden Person erwartet? | ja | nein |
| 7. | Wollte die Traum-Person unerledigte Geschäfte zu Ende bringen? | ja | nein |
| 8. | Führte der Traum zu einer Versöhnung? | ja | nein |
| 9. | Hat die Traum-Person einen Rat erteilt? | ja | nein |
| 10. | War es eine Warnung? | ja | nein |
| 11. | War Ihnen die im Traum gegebene Information zu dieser Zeit noch unbekannt? | ja | nein |
| 12. | Hat die Traum-Person die Zukunft für Sie oder eine andere Person vorausgesagt? | ja | nein |

Der zweite Fragebogen enthält zweiundzwanzig differenziertere Fragen und eignet sich daher besonders für prospektive Studien, wenn ein direkter Kontakt mit den Erfahrungspersonen möglich ist:

| | | |
|---|---|---|
| **1.** | **Zeitunterscheid zwischen dem Tod der Traum-Person und dem Traum** | |
| a. | innerhalb von 24 Stunden nach dem Tod | |
| b. | innerhalb der ersten Woche danach | |
| c. | innerhalb des ersten Monats danach | |
| d. | innerhalb des ersten Jahres danach | |
| e. | innerhalb der ersten 10 Jahre danach | |
| f. | mehr als 10 Jahre danach | |
| **2.** | **Art und Weise des Auftretens des Traumes von Verstorbenen** | |
| a. | Zufall | |
| b. | gerufen oder gewünscht | |

| 3. | Emotionale Zustand der träumenden Person | |
|---|---|---|
| a. | normal | |
| b. | Trauer | |
| c. | Krise | |
| d. | Krankheit | |
| e. | Jahrestag | |
| f. | anderes | |
| **4.** | **Erscheinung der Traum-Person** | |
| a. | wie kurz vor dem Tod | |
| b. | jünger / in der Blüte des Lebens | |
| c. | gesünder | |
| **5.** | **Todesart** | |
| a. | zu früh | |
| b. | Unfall | |
| c. | Gewalt | |
| d. | Krankheit | |
| **6.** | **Beziehung zur träumenden Person** | |
| a. | verwandt | |
| b. | Partner*in | |
| c. | Freund*in | |
| d. | Bekannte*r | |
| **7.** | **Qualität der Beziehung zur träumenden Person zu Lebzeiten** | |
| a. | positiv | |
| b. | ambivalent | |
| c. | negativ | |

| **8.** | **Unerledigte Geschäfte der Traum-Person** | |
|---|---|---|
| a. | ja | |
| b. | nein | |
| **9.** | **Unerledigte Geschäfte der träumenden Person** | |
| a. | ja | |
| b. | nein | |
| **10.** | **Physischer Kontakt** | |
| a. | ja, die Traum-Person war nicht fest | |
| b. | ja, die Traum-Person fühlte sich fest an | |
| c. | kein physischer Kontakt | |
| **11.** | **Verbale Kommunikation vonseiten der Traum-Person** | |
| a. | ja, nur vonseiten der träumenden Person | |
| b. | ja, vonseiten der Traum-Person | |
| c. | ja, gegenseitiger Austausch | |
| d. | keine Kommunikation | |
| **12.** | **Inhalt der Kommunikation** | |
| a. | über den Zustand oder die Situation der Traum-Person | |
| b. | ungelöste Probleme lösen | |
| c. | Versöhnung | |
| d. | Leben nach dem Tod ganz allgemein | |
| e. | Rat | |
| f. | Botschaft für eine andere Person | |
| g. | Voraussagen der Zukunft | |
| h. | anderes | |
| **13.** | **Verifizierbare Information, die der träumenden Person zuvor unbekannt war** | |
| a. | ja | |
| b. | nein | |

| **14.** | **Unabhängigkeit des Bewusstseins der Traum-Person** | |
|---|---|---|
| a. | ja | |
| b. | nein | |
| **15.** | **Bedeutsamkeit des Traumes** | |
| a. | ja | |
| b. | nein | |
| **16.** | **Trost spendend** | |
| a. | ja | |
| b. | nein | |
| **17.** | **Angst machend** | |
| a. | ja | |
| b. | nein | |
| **18.** | **Eindruck des Traumes auf die träumende Person** | |
| a. | positiv | |
| b. | negativ | |
| c. | kein Eindruck | |
| **19.** | **Qualität der Begegnung** | |
| a. | real | |
| b. | mehr als real | |
| c. | nicht real | |
| **20.** | **lebensverändernd** | |
| a. | ja | |
| b. | nein | |
| **21.** | **Glaube an ein Leben nach dem Tod vor dem Traum** | |
| a. | ja | |
| b. | nein | |

| 22. Glaube an ein Leben nach dem Tod nach dem Traum | |
|---|---|
| a. ja | |
| b. nein | |

Um weitere Forschung durchführen zu können, wären wir Ihnen sehr dankbar für jeden Bericht Ihrer persönlichen Erfahrungen in diesem Bereich. Ihre Berichte wie auch die Fragebögen werden anonym und vertraulich behandelt.

# Literatur

A

Archangel, Dianne. 2005. Afterlife Encounters. Ordinary People. Extraordinary Experiences. Foreword by Gary E, Schwartz. Charlottesville, VA: Hampton Roads Publishing.

B

Barrett, Deirde. 1991-1992. Through a Glass Darkly. Images of the Dead in Dreams. *Omega* 24, 2, pp. 97-108.

Barrett, Deirdre & McNamara, Patrick. (Ed.s). 2007. The New Science of Dreaming. 2 vol.s. Westport, Connecticut, London: Praeger.

Barrett, Wiliam. 1926. Deathbed Visions. London: Methuen & Co Ltd.

Boismont, Alexandre J.F.B. de. 1860. On hallucinations: A history and explanation of apparitions, visions, dreams, ecstacy, magnetism, and somnambulism. Columnus, O.: Joseph H. Riley & Co.

Brayne, Sue & Fenwick, Peter. 2008. The Case for Training to Deal with End of Life Experiences. *European Journal fro Palliative Care* 15, 3, pp. 118-120.

C

Castle, Robert L. van de. 1995. Our Dreaming Mind. Reprint. New York: Ballantine Books.

Charman, Robert A. 2013. The Chaffin Will Case Revisited. Did the Spirit of his Deceased Father Visited James Pinkney Chaffin During June 1925 to Reveal the Whereabouts of Second Will? *Journal of the Society for Psychical Research* 77, 2, 911, pp. 89-101.

Cook, Emily Williams, Bruce Greyson, & Ian Stevenson, 1998. Do Any Neardeath Experiences Provide Evidence for the Survival of Human Personality after Death? Relevant Features and Illustrative Case Reports. *Journal of Scientific Exploration* 12 (3), S. 377-406.

Cooper, Callum. 2012: Telephone Calls from the Dead. Old Portsmouth: Tricorn Books.

Cooper, Callum E., Roe, Chris A. & Mitchell, Graham. 2015. Anomalous experiences and the bereavement process. In T. Cattoi, & C. Moreman (Eds.): *Death, Dying and Mysticism: The Ecstasy of the End,* pp. 117-131. New York: Palgrave Macmillan.

Cooper, Callum Elliot. 2017. Spontaneous Post-Death Experiences and the Cognition of Hope: An Examination of Bereavement and Recovery. Unpublished doctoral thesis, University of Northampton, UK.

D

Daggett, Luann M. 2005. Continues Encounters: The Experience of After-Death Communication. *Journal of Holistic Nursing* 23, pp. 191-207.

Devers, Edie. 1997. Goodbye Again: Experiences with Departed Loved Ones. Kansas City, MO: Andrews and McMeel.

Dick, Daniel. 2011: Eine Synthese des phänomenologischen Bewusstseins. Bachelorarbeit, Kultur- und Sozialanthropologie, Universität Wien. https://www.academia.edu/7629694/_Eine_Synthese_des_ph%C3%A4nomenologischen_Bewusstsein

E

Elsaesser, Evelyn. 2020. Nachtod-Kontakte. Spontane Begegnungen mit Verstorbenen. Amerang 2021: Crotona.

Elsaesser, Evelyn; Roe, Chris; Cooper, Callum & Lorimer, David. 2020 (a).

Elsaesser, Evelyn, Nachtod-Kontakte, Amerang 2019, Crotona.

Elsaesser, Evelyn, Ring, Kenneth, Was wir aus Nachtod-Erfahrungen für das Leben gewinnen, Amerang 2020, Crotona.

Elsaesser, Evelyn; Roe, Chris; Cooper, Callum & Lorimer, David. 2020 (b). *Investigation of the Phenomenology and Impact of Spontaneous and Direct After-Death Communications (ADCs). Research findings.* Web-Booklet. With the Support of Fondation Salvia.

F

Faraday, Ann. 1972. Die positive Kraft der Träume. München: Knaur.

Fechner (»Mises«), Gustav Theodor. 1836. Das Büchlein vom Leben nach dem Tode. Dresden: Ch. F. Grimmersche Buchhandlung.

Fenwick, Peter & Elizabeth. Dying Your Way: https://dyingyourway.com/podcast-item/peter-elizabeth-fenwick/

Fenwick, Peter & Fenwick, Elizabeth. 1995. The Truth in the Light. London: Headline.

Fenwick, Peter & Fenwick, Elizabeth. 1997. The Hidden Door. Understanding and Controlling Dreams. London: Headline.

Fenwick, Peter & Fenwick, Elizabeth. 1999. Past Lives. An Investigation into Reincarnation Memories. London: BCA.

Fenwick, Peter & Fenwick, Elizabeth. 2008. The Art of Dying. A Journey to Elsewhere. London: Continuum.

Fenwick, Peter & Brayne, Sue. 2011. End-of-life Experiences: Reaching Out for Compassion, Communication, and Connection-Meaning of Deathbed Visions and Coincidences. *American Journal of Hospice and Palliative Medicine* 28, 1, pp. 7-15.

Finucane, Ronald C. 1982. Appearances of the Dead. A Cultural History of Ghosts. Indiana University: Junction Books.

Flammarion, Camille. 1908. Rätsel des Seelenlebens. Transl. Gustav Meyrink. 2 Aufl., Stuttgart: Julius Hoffmann.

Flammarion, Camille. 1922. Death and its Mystery. 3 vol.s.: vol. 1 *Before Death*, transl. E.S. Brooks; vol. 2 At the Moment of Death, transl. Latrobe Carrolle; vol. 3 *After Death*, transl. Latrobe Carrolle. London: T. Fisher Unwin.

Fontana, David. 1994. The Secret Language of Dreams. San Francisco / London: Chronicle Books / Duncan Baird.

Franz, Marie-Louise von. 1990. Traum und Tod. München: Knaur.

Frappier, Kelly. 2013. Fanny faces (lucid dream). Lucid Dreaming Experience (ISSN 2167-616X) 1, no. 4 (March 2013), p. 36.

G

Garfield, Patricia. 1976. Creative Dreaming. London: Futura Publications.

Garfield, Patricia. 1997. The Dream Messenger. How Dreams of the Departed Bring Healing Gifts. New York: Simon & Schuster.

Gauger, Wilhelm. 1987. Postmortale Welt und Poesie. In: Andreas Resch (Ed.): *Fortleben nach dem Tode*. Imago Mundi VII. Innsbruck, Austria: Resch-Verlag, 179-220.

Greyson, Bruce. 2010. Seeing Dead People Not Known to Have Died: »Peak in Darien« Experiences. *Anthropology and Humanism* 35, 2, pp. 159-171.

Guggenheim, William & Judy A. 1996. Hello from Heaven. New York: Bantam Books.

Gurney, Edmund; Myers, Frederic & Podmore, Frank. 1886. *Phantasms of the living*. 2 vol.s, London: Truebner & Co.

H

Hall, Calvin Springer. 1966. The Meaning of Dreams. New York. McGraw-Hill. New edition 1985.

Hall, Calvin Springer, & Castle, Robert L. van de. 1966. *The Content Analysis of Dreams*. New York: Appleton-Century-Crofts.

Haraldsson, Erlendur. 2009. Alleged Encounters with The Dead: The Importance of Violent Death in 337 New Cases. *The Journal of Parapsychology* 73, S. 91-118.

Haraldsson, Erlendur. 2012. The Departed Among the Living. An Investigative Study of Afterlife Encounters. Guildford, UK: White Crow Books.

Hart Wright, Sylvia. 2002. When Spirits Come Calling: The open-minded skeptic's guide to after-death contacts. Nevada City, CA: Blue Dolphin.

Hartmann, Ernest. 1998. Dreams and Nightmares. The New Theory of the Origin and Meaning of Dreams. Cambridge, MA: Perseus Publishing.

Hastings, Arthur. 2002. The Resistance to Belief. *Journal of Near-Death Studies* 21, S. 77-98.

Heathcote-James, Emma. 2002. Seeing Angels. True Contemporary Accounts of Hundreds of Angelic Experiences. London: John Blake.

Holden, Jane; Greyson, & James, D. 2009. The Handbook of Near-Death Experiences: Thirty Years of Investigation. Santa Barbara, California: Praeger, ABC CLIO.

Houck, James A. 2005. The Universal Multiple, and Exclusive Experiences of After-Death Communication. *Journal of Near-Death Studies* 24, 2, S. 117-127.

J

Jürgenson, Friedrich. 1964. Rösterna från Rymden. Schweden: Parthenon Förlag & Bokhandel.

K

Kalish, Richard A. 1979. Contacting the Dead: Does Group Identification Matter? In Robert Kastenbaum: Between Life and Death. New York: Springer.
Kelly, Emily Williams 2001. Near-Death Experiences with Reports of Meeting Deceased People. *Death Studies* 25, S. 229-249.
Kelly, Emily Williams, Bruce Greyson & Edward F. Kelly. 2007. Unusual Experiences Near Death and Related Phenomena. In Edward F. Kelly,
Kelly, Emily Williams, Adam Crabtree, Alan Gauld, Michael Grosso & Bruce Greyson: Irreducible Mind: Toward a Psychology for the 21st Century. Lanham, MD: Rowman and Littlefield. S. 367-421.
Kerner, Justinus, Die Seherin von Prevorst. Eröffnungen über das innere Leben des Menschen und über das Hereinragen einer Geisterwelt in die unsere. Mitgeteilt von Justinus Kerner. Stuttgart: J. G. Cotta'sche Buchhandlung, 1. Aufl. 1829.
Krippner, Stanley; Bogzaran, Fariba & Carvalho, André Percia de. 2002. Extraordinary Dreams and How to Work with Them. Albany: State University of New York Press.
Krippner, Stanley (Ed.). 1990. Dreamtime and Dreamwork. Decoding the Language of the Night. Los Angeles: Jeremy T. Tarcher, INC.
Krippner, Stanley. 1996. A Pilot Study in ESP, Dreams and Purported OBEs. *Journal of the Society for Psychical Research* 61, 843, S. 88-93.
Krippner, Stanley & Faith, Laura. 2001. Exotic Dreams. A Cross-Cultural Study. *Dreaming* 11 (2), S. 73-82.

L

LaBerge, Stephen. 1986. Lucid Dreaming. New York: Ballantine Books.
LaBerge, Stephen, & Rheingold, Howard. 1990. *Exploring the World of Lucid Dreaming.* New York: Ballantine Books.
LaGrand, Louis E. 1997. After Death Communication. Final Farewells. Extraordinary Experiences of Those Mourning the Death of Loved Ones. St. Paul, Minnesota, Llewellyn Publications. Third printing 1998.
Lang, Andrew. 1897. The Book of Dreams and Ghosts. London: Longmans, Green & Co.
Lenz, Frederick. 1979. Lifetimes: True Accounts of Reincarnation. Indianapolis: Bobbs-Merrill Collection.
Lommel, Pim van; R. van Wees, V. Meyers et al. December 2001. Near-death experiences in survivors of cardiac arrest: a prospective study in the Netherlands, *Lancet* 358: 2039-2045.
Lommel, Pim van. 2009. Endloses Bewusstsein. Neue medizinische Fakten zur Nahtoderfahrung. 2. Aufl. Düsseldorf, Germany: Patmos. Original Dutch edition 2007.

M

Matlock, James G. 2019 (a). Signs of Reincarnation. Exploring Beliefs, Cases, and Theory. Foreword by Jeffrey Mishlove. Afterword by Michael Nahm. London: Rowman & Littlefield Publishers.
Matlock, James G. 2019 (b). Dreams and Past-Life Memory. *Psi Encyclopedia.* London: The Society for Psychical Research. https://psi-encyclopedia.spr.ac.uk/articles/dreams-and-past-life-memory

Matlock, James & Giesler-Peterson, Iris. 2016. Asian Versus Western Intermission Memories: Universal Features and Cultural Variations. Durham: North Carolina. International Association for Near-Death Studies.

Mattiesen, Emil. 1968. Das persönliche Überleben des Todes. 2 Bde. Berlin: Walter de Gruyter & Co, 1968.

Mavromatis, Andreas. 1987. Hypnagogia. The Unique State of Consciousness Between Wakefulness and Sleep. London: Routledge & Kegan Paul.

Moody, Raymond, with Paul Perry. 1993. Reunion: Visionary Encounters with Departed Loves Ones. NY: Villard Books.

Moody, Raymond. 2010. Glimpses of Eternity. New York, NY: Guideposts.

Moreman, Christopher M. 2008. Beyond the Threshold: Afterlife Beliefs and Experiences in World Religions. Afterlife Beliefs and Experiences in World Religions. 2nd edition, Lanham, Bulder, New York, London: Rowman & Littelfield.

Moser, Fanny. 1950. Spuk. Irrglaube oder Wahrglaube? Eine Frage der Menschheit. Baden bei Zürich: Gyr-Verlag.

Moss, Robert. 2005. The Dreamer's Book of the Dead. A Soul Traveler's Guide to Death, Dying, and the Other Side. Rochester, Vermont: Destiny Books.

Moufang, Wilhelm, & Stevens, William Oliver. 1953. Mysterium der Träume. München: Paul List. German extended edition of: W.O. Stevens. 1949. *The Mystery of Dreams*. New York: Dodd, Mead.

Murphy, Gardner. 1945. An Outline of Survival Evidence. *Journal of the American Society for Psychical Research* 39, 1, S. 2-34.

Myers, Frederick. 1903. Human Personality and its Survival of Bodily Death. London: Longmans, Green & Co.

N

Nahm, Michael. 2012. Wenn die Dunkelheit ein Ende findet. Terminale Geistesklarheit und andere Phänomene in Todesnähe. Amerang: Crotona.

Nishida, Kitar. 1989. Über das Gute. Frankfurt: Insel.

Noyes, Russell; Fenwick, Peter; Holden, Janice Miner & Christian, Sandra Rozan. 2009. Aftereffects of Pleasurable Western Near-Death Experiences. In Janice Miner Holden et al, 2009. S. 41-62.

O

Osis, Karlis & Haraldsson, Erlendur. 1977. At the Hour of Death. 3. Aufl. 1997. Norwalk, CT: Hastings House.

P

Parker, Adrian. 1975. *States of Mind: ESP and Altered States of Consciousness*. New York: Taplinger Publishing Company.

Pliny, the Elder. 1942 (A.D. 77). *Natural History*, vol. 2, books 3-7. Harris Rackham, trans. Cambridge, MA: Harvard University Press.

Pongracz, Marion, & Santner, Inge. 1988. Das Königreich der Träume. 4000 Jahre moderne Traumdeutung. Wien, Hamburg: Paul Zsolnay.

Portela, Luis. 2021. The Science of Spirit. Parapsychology, Enlightenment and Evolution. Jefferson, North Carolina: Toplight Books.

Puhle, Annekatrin. 2004. Das Lexikon der Geister. München: Atmosphären.

Puhle, Annekatrin. 2006. Mit Goethe durch die Welt der Geister. Einbändige Kurzfassung, St. Goar: Reichl.

Puhle, Annekatrin. 2009. Mit Shakespeare durch die Welt der Geister. Geisterberichte aus England, Schottland, Irland, Wales und Cornwall. St. Goar: Reichl Verlag.

Puhle, Annekatrin. 2010. Zwerge. Begegnungen und Erlebnisse mit dem Kleinen Volk. Amerang: Aquamarin.

Puhle, Annekatrin. 2013. Light Changes. Experiences in the Presence of Transforming Light. Guildford, UK: White Crow.

Puhle, Annekatrin & Parker, Adrian. 2017. An Explorative Study of Lucid Dreams Concerning Deceased Persons. *JSPR* 81, 3, S. 145-169.

Puhle, Annekatrin. 2017. Lucid Dreaming. *Psi Encyclopedia*. London: The Society for Psychical Research. <https://psi-encyclopedia.spr.ac.uk/articles/lucid-dreaming>. Retrieved 12 May 2020.

Puhle, Annekatrin. 2018. Das große Buch vom Träumen. Wie Sie gut schlafen und etwas Schönes träumen. Saarbrücken, Germany: Neue Erde.

Puhle, Annekatrin. 2019. Mit Goethe durch die Welt der Geister. 4 Bde. Online: http://www.blumhardt-online.de/reichl_puhle.html

Puhle, Annekatrin. 2020. Dream Incubation. *Psi Encyclopedia. London: The Society for Psychical Research*. <https://psi-encyclopedia.spr.ac.uk/articles/dream-incubation>. Retrieved 12 May2020.

Puhle, Annekatrin. 2021. It's magic. Magie ist keine Zauberei. Saarbrücken: Neue Erde.

Puhle, Annekatrin & Parker-Reed, Adrian. 2017. Shakespeare's Ghosts Live. From Shakespeare's Ghosts to Psychical Research. Newcastle, UK: Cambridge Scholars Publishing.

R

Rankin, Marianne. 2009. An Introduction to Religious and Spiritual Experience. London: Continuum.

Reed, Henry. 1976. Dream Incubation: A Reconstruction of a Ritual in Contemporary Form. *Journal of Humanistic Psychology* 17, 4.

Reed, Henry. 1997. The Dead Visit in Dreams. *Omega. Journal of Death and Dying* 4, 6. http://www.improverse.com/ed-articles/henry_reed_1997_june_dead_in_dream.htm

Rees, W. Dewi. 1971. The hallucinations of Widowhood. *British Medical Journal* 4, 778, pp. 37-41.

Rhine, Louisa E. 1981 *The Invisible Picture. A Study of Psychic Experiences*. Jefferson, N.C.: McFarland.

Rhine Feather, Sally. (With M. Schmicker). 2005. The Gift. The Extraordinary Paranormal Experiences of Ordinary People. London: Rider.

Richmond, Zoe. 1939. Evidence of Purpose. London: Bell & Sons.

Ring, Kenneth. 1980. Life at Death: A Scientific Investigation of the Near-Death Experience. New York: Coward, McCann and Geoghegan.

Rivas, Titus; Dirven, Anny & Smit, Rudolf H. 2016. The Self Does Not Die: Verified Paranormal Phenomena from Near-Death Experiences. Durham: North Carolina: International Association for Near-Death Studies.

Rogo, Scott & Bayless, Raymond. 1979. Phone Calls from the Dead. Hoboken, New Jersey: Prentice Hall.

Rogo, Scott. 1986. Life After Death. The Case for Survival of Bodily Death. London: Guild Publishing.

Ryan, Dennis Raymond. 2006. Dreams about the Dead. Glimpses of Grief. Lanham, Maryland: University Press of America.

S

Sartori, Penny; Badham, Paul & Fenwick, Peter. 2006. A Prospectively Studied Near-Death Experience with Corroborated Out-of-Body Perceptions and Unexplained Healing. *Journal of Near-Death Studies* 25, 2, pp. 69-84.

Sartori, Penny, Nahtod-Erfahrungen als Neuanfang, Grafing 2015.

Saunders, David T. & Cooper, Callum E. 2015. Speaking to the dead in dreams: Imagination, ESP, or more? Society for Psychical Research Lecture 12th February, Kensington, London.

Sharma, Poonam & Tucker, Jim B. 2004. Cases of the Reincarnation Type with Memories from the Intermission Between Lives. *Journal of NearDeath Studies* 23, 2, S. 101-118.

Solem, Helen. 1984. Do We Contact the Dead in Our Dreams? *Fate* 37, 3, S. 79-84.

Stevenson, Ian. 1987. Children who remember previous lives. A Question of Reincarnation. Charlottesville: University Press of Virginia.

Stevenson, Ian, Reinkarnation in Europa, Grafing 2020.

Strauch, Inge, & Meier, Barbara. 1996. In Search of Dreams. Foreword by David Foulkes. Albany: State University of New York Press.

Swiss IONS: https://swiss-iands.ch/weltanschauliche-positionen-zu-ntes-2/argumente-fuer-die-ueberlebenshypothese/peak-in-darien-phaenomen/

T

Tanous, Alex. & Gray, Timothy. 1990. Dreams, Symbols & Psychic Power. London: Bantam.

Tart, Charles (Ed.). 1969. Altered States of Consciousness. Hoboken, New Jersey: John Wiley & Sons Inc.

Teillard, Aniela. 1994. Die unbekannte Dimension. 2 Aufl., St. Goar: Reichl Verlag.

Tholey, Paul. 1985. Haben Traumgestalten ein eigenes Bewusstsein? Eine Experimentell-phänomenologische Klartraumstudie. *Gestalt Theory* 7,1, pp. 29-46. English edition 1989: Consciousness and Abilities of Dream Characters Observed During Lucid Dreaming. *Perceptual and Motor Skills* 68, 2, S. 567-578.

Tholey, Paul & Utecht, Kaleb: 1995. Schöpferisch träumen. Der Klartraum als Lebenshilfe. 7. Aufl. 2017, Magdeburg: Klotz.

Trankle, Steven A. 2009. Dream manifestations: A paranormal experience? *Australian Journal of Parapsychology* 9, 2, S. 149-164.

Tucker, Jim B. 2006. Life Before Life. A Scientific Investigation of Children's Memories of Previous Lives. London: Piatkus Books.

Tucker, Jim B. 2016. The case of James Leininger: An American case of the reincarnation type. *Explore* 12, 3, S. 200-207. Retrieved from: https://med.virginia.edu/perceptual-studies/wp content/uploads/sites/360/2017/04/REI42-Tucker-James-LeiningerPIIS1550830716000331.pdf

Tyrrell, George Nugent Merle 1953. Apparitions. New York: Pantheon Books.

U

Ullman, Montague, Krippner, Stanley, with Vaughan, Alan. 2003. Dream Telepathy. 3rd ed. Charlottesville, VA: Hampton Roads.

W

Waggoner, Robert. 2009. Lucid Dreaming. Gateway to the Inner Self. Needham, MA: Moment Point Press.

Waggoner, Robert & McCready, Caroline. 2015. Lucid Dreaming. Plain and Simple. Tips and Techniques for Insight, Creativity, and Personal Growth. San Francisco, CA: Conari Press.

Wagner-Simon, Therese, & Gaetano. Benedetti (Ed.s). 1984. Traum und Träumen. Traum-Analysen in Wissenschaft und Kunst. Göttingen: Vandenhoeck & Ruprecht.

Walach, Harald. 2015. Spiritualität. Warum wir die Aufklärung weiterführen müssen. Klein Jasedow: Drachen Verlag.

Weinreb, Friedrich. 1987. Traum-Leben. 4. Aufl. Neue Ausgabe, hrsg. von C. Schneider. München: Goldmann.

Winget, Carolyn N., & Kramer, Milton. 1979. Dimensions of Dreams. Gainesville, Fla.: University of Florida Press.

# Institute und Organisationen

**Deutschland:**
Institut für Grenzgebiete der Psychologie und Psychohygiene (IGPP), Freiburg i. Br.: https://www.igpp.de/
Parapsychologische Beratungsstelle in Freiburg i. Br.: https://www.parapsychologische-beratungsstelle.de/

**Österreich:**
Österreichische Gesellschaft für Parapsychologie und Grenzbereich der Wissenschaften: http://parapsychologie.ac.at/

**Schweiz:**
Institut Suisse des Sciences Noétiques (Suisse IONS): http://www.issnoe.ch/

**United Kingdom:**
Churches' Fellowship for Psychical and Spiritual Studies (CFPSS), UK: https://www.churchesfellowship.co.uk/
Scientific and Medical Network (SMN), UK: https://scientificandmedical.net/
Society for Psychical Research (SPR), London: https://www.spr.ac.uk/

**Frankreich:**
L'Institut Métapsychique International (IMI): https://www.metapsychique.org/

**USA:**
Institute of Noetic Sciences (IONS), Petaluma, CA, USA: https://noetic.org/

**Schweden:**
Sällskapet för Parapsykologisk Forskning (SPF), Stockholm: https://parapsykologi.se/

**Norwegen:**
Norsk Parapsykologisk Selskap, Oslo: http://parapsykologi.no/index.shtml

## Zur Autorin

**Annekatrin Puhle** erwarb ihren Doktortitel an der Freien Universität in Berlin in Philosophie (Ethik, Anthropologie) und studierte Anthropologie, Ethnologie und Vergleichende indoeuropäische Sprachwissenschaft. Sie ist ärztlich geprüfte Gesundheitsberaterin mit den Schwerpunkten Ernährung, Umwelt und Lebensweise und ist ausgebildet in verschiedenen Heilkunde-Bereichen sowie Yoga und Meditation. Sie arbeitet mit internationalen Projekten zu außergewöhnlichen menschlichen Erfahrungen, hält Vorträge und ist Autorin von Fachaufsätzen und fünfzehn Büchern in verschiedenen Sprachen, u. a. Mit Goethe durch die Welt der Geister (2006), Zwerge (2010), Naturgeister (2015), Heilpflanzen für die Gesundheit (2013), Shakespeare's Ghosts live (2017), Das große Buch der Träume (2018) und It's magic. Magie ist keine Zauberei (2021). Ihr Ziel ist, unser Lebenspotenzial voll und ganz zu erfahren und zu leben.

**AnnekatrinPuhle@gmail.com**

**www.AnnekatrinPuhle.de**

# Dank

Die Grundlage zu diesem Buch wäre ohne die Inspiration vieler liebenswerter Menschen, verwandter wie befreundeter, bekannter und auch inzwischen verstorbener Menschen, niemals entstanden. Ebenso entscheidend für die Entwicklung meiner Arbeit an dieser Thematik sind die Gesellschaften und Institute, die meine Projekte seit nunmehr fünfundzwanzig Jahren kontinuierlich unterstützt haben: Institut für Grenzgebiete der Psychologie und Psychohygiene (IGPP), Freiburg, und hier möchte ich an erster Stelle Eberhard Bauer, der alles ins Rollen gebracht und mein erstes großes Projekt gefördert hat, meinen Dank aussprechen; Stiftung Weimarer Klassik; *Survival Research Fund* (*SPF*) der *Society for Psychical Research* (*SPR*), London; *Tate-Fund* der Londoner *SPR*; *Perrott-Warrick-Fund* am *Trinity College, University of Cambridge*; *Helene Reeder Memorial Fund* der *Sällskapet för Parapskologisk Forskning* (*SPF*), Stockholm; EU via Institut für Grenzgebiete der Wissenschaft (IGW), Innsbruck; *Fundación BIAL*, Porto. Ihnen allen gebührt mein aufrichtigster Dank. Speziell für die Förderung der diesem Buch zugrunde liegenden Studie danke ich dem *Survival Research Fund* der Londoner *SPR*. Von Herzen bedanke ich mich bei Adrian Parker für die inspirierenden Gespräche, die bei der Gratwanderung zwischen Fakten und Deutungen eine wertvolle Hilfe waren. Ohne Peter Michel und den Crotona-Verlag könnten wir das Buch nicht in unseren Händen halten – Ihnen gilt ebenso ein großes Dankeschön!

Evelyn Elsaesser / Kenneth Ring
**Was wir aus Nahtod-Erfahrungen für das Leben gewinnen**

Wenn mit Evelyn Elsaesser und Kenneth Ring die beiden erfahrensten Forscher aus der Alten und der Neuen Welt ihre ganz Kompetenz bündeln – dann ist das Ergebnis ein außergewöhnliches Werk. Aufgrund ihrer umfangreichen Forschungen kommen die beiden Wissenschaftler zu dem überzeugenden Ergebnis, dass eine Nahtod-Erfahrung nicht nur die Gewissheit vom Weiterleben nach dem Tod schenkt, sondern auch zu einer tiefgreifenden Veränderung im fortdauernden Erdenleben führt.

ISBN 978-3-86191-119-7 (Crotona Verlag)

Evelyn Elsaesser / Kenneth Ring
**Nachtod-Kontakte**

Noch weitgehend unerforscht ist das Phänomen der „Nachtod-Kontakte", in dem es um das spontane Auftreten von meist erst vor Kurzem verstorbenen Freunden oder Angehörigen geht. Evelyn Elsaesser gilt als eine der profiliertesten Forscherinnen auf diesem Feld und legt hier die erste umfassende Studie zu einem noch kaum untersuchten Gebiet der modernen Sterbeforschung vor.
Das Buch liefert nicht nur eine Reihe von faszinierenden Erfahrungen aus erster Hand, sondern lässt auch wissenschaftliche Stimmen zu Wort kommen, die durchaus kritisch ausfallen können.

ISBN 978-3-86191-113-5 (Crotona Verlag)

Evelyn Elsaesser
**Spontane Kontakte mit Verstorbenen**

Eine wissenschaftliche Untersuchung bestätigt die Realität von Nachtod-Kontakten
Die erste Studie, die glaubwürdig und nachprüfbar belegt, dass die Begegnung zwischen Erdenmenschen und Verstorbenen keine Einbildung ist!

ISBN 978-3-86191-224-8 (Crotona Verlag)

# Geborgen in der Ewigkeit

Penny Sartori
**Geborgen in der Ewigkeit**
»Die in diesem Buch geschilderten Erfahrungen öffnen ein Fenster, um die wahre Natur des Lebens zu verstehen und – und das ist das Wichtigste – die wahre Natur Gottes.«
*Neale Donald Walsch*

»Ich war persönlich zutiefst berührt von den sehr persönlichen und intimen Erfahrungen und der transformierenden Kraft dieser Nahtod-Erfahrungen. Sie zeigen die Auswirkungen und die Einflüsse, die solche überwältigende Erfahrungen auslösen. Zudem zeigen sie, wie wir selbst unser Leben in seiner ganzen Fülle leben können. Dieses Buch kann ich jedem wärmstens ans Herz legen!«
*Prof. Dr. Pim van Lommel*

ISBN 978-3-89427-830-4 (Aquamarin Verlag)

Dr. Sascha Plackov
**Dem Licht ganz nahe – Nahtod-Erfahrungen und Suizid**
Kommen Selbstmörder in die Hölle? Werden sie im Jenseits bestraft? Dr. Plackov ist diesen Fragen in einer weltweit ersten Studie nachgegangen. Zwischen 2003 und 2021 sammelte er 123 internationale Fälle von Menschen, die sich das Leben nahmen und dabei eine Nahtod-Erfahrung hatten. Ziel der Studie ist es, die spirituellen Folgen eines Suizids aufzuzeigen – als Orientierungshilfe für Suizidgefährdete, aber auch für Berater und Therapeuten. Der Fokus liegt auf den spirituellen Aspekten, die für eine erfolgreiche Begleitung wichtig sein können. Das Buch richtet sich zudem an Menschen in der Suizidprävention sowie an alle, die sich für Suizid und Nahtod-Erfahrungen interessieren.

ISBN 978-3-86191-279-8